# 1992年の「精神薄弱」用語問題
―伊藤隆二教授の教育思想をめぐって―

鶴田 一郎 著

大学教育出版

# まえがき

　大学院の修士課程から現在まで一貫してご指導いただいている伊藤隆二教授は、戦後の知的障害児教育を主導していった一人・三木安正教授に学生時代から師事されております。その三木教授が私財を擲って設立された旭出学園に伊藤先生は学生の頃から関わっており、三木教授からは「頭を高くするな。子どもたちから学べ」と言われたそうです。

　伊藤先生が「子どもたちから学んだこと」を一言で表現すれば「この子らは世の光なり」ということです。この子らが神から地上に派遣された世の光ならば、当然「精神薄弱児」「障害児」と呼ぶことは不遜以外の何ものでもありません。本人は一度も自身を「クリスチャンである」とおっしゃったことはない伊藤先生ですが、その思想の根底にはキリスト教思想があります。

　一方、知的ハンディキャップを持つ人を、どう呼称するかは、現在に至るまで議論が途絶えることがありません。それは、どのような「用語」を用いても変わらないのかもしれませんが、本書では、筆者の師である伊藤隆二教授が提唱している「『障害児』から『啓発児』へ」の思想を研究の出発点とします。

　近江学園の創立者・糸賀一雄氏は「この子らを世の光に」と言われましたが、伊藤教授は、それを更に進めて上述のように「この子らは世の光なり」と主張されています。なぜ「この子らは世の光なり」なのか、また、なぜ「障害児」ではなく「啓発児」なのか、ということを本書は解き明かしたいと思います。その際、1992年に特に集中した「精神薄弱」用語問題に関する議論を中心に考察を進めていきます。

　なお、伊藤先生から教えを享け、筆者は基本的視点を次のように定めております。

　「知的ハンディキャップのある『この子ら』は、その『弱さ』ゆえに神に選ばれた存在であり、その『弱さ』ゆえに神の光を、そのまま受け容れ、自らが『世の光』となる。『この子ら』の光を身に受けた、眼の前が曇っていた私（鶴

田）を含んだ『強者』の内、目覚めた者は、己の至らなさを自覚し、正しくものを見ることに覚醒し、自ら低きに視点を移して正しく生きるようになる。そのような人が一人でも増える社会が達成されれば、『この子ら』は『障害児』ではなく『啓発児』と呼ばれるのが相応しいということになるのである」。

　以上の視点から本書を展開していきたいと思います。

　最後になりましたが、本書を伊藤隆二先生に捧げます。

2018 年 5 月

鶴田一郎

## 1992年の「精神薄弱」用語問題
― 伊藤隆二教授の教育思想をめぐって ―

# 目　次

第1章　議論の端緒：伊藤隆二（1990）「『障害児』から『啓発児』へ
　　　　―今まさに転回のとき―」を中心に ……………………… 9
　はじめに ― 問題の所在 ―　10
　1. 伊藤論文（1990a）と、その反響　10
　　（1）伊藤論文（1990a）　11
　　（2）その反響　15
　2. なぜ「障害児」から「啓発児」なのか　17
　　（1）「神の選び」　18
　　（2）「最も小さい者」　20
　　（3）「弱さの力」　22
　　（4）「世の光」　24
　　（5）「特別の目的」＝「啓発」　25
　おわりに ― まとめに代えて ―　28
　引用文献　28

第2章　議論1：『発達障害研究』（日本精神薄弱研究協会）
　　　　― 1992年第14巻第1号を中心に ― ……………………… 31
　はじめに ― 問題の所在 ―　32
　1.『発達障害研究』1992年第14巻第1号での議論　34
　　（1）「障害児」から「啓発児」へ ― 伊藤隆二 ―　34
　　（2）要支援度による分類 ― 櫻井芳郎 ―　35
　　（3）差別的意識の変革を ― 山口薫 ―　36
　　（4）法律から「精神薄弱」という用語を一掃するために ― 長谷川泰造 ―　37
　　（5）本人の「名前」を呼ぼう ― 大石坦 ―　39
　　（6）用語と偏見と語感 ― 小出進 ―　40
　　（7）当事者の視点から ― 手塚直樹 ―　41
　　（8）「精神」の「薄弱」？ ― 江草安彦 ―　42
　　（9）親の視点 ― 皆川正治 ―　42
　おわりに ― まとめに代えて ―　43

引用文献　*44*

# 第3章　議論2：『AIGO：精神薄弱福祉研究』（日本精神薄弱者愛護協会）
　　　　　― 1992年第39巻第5号から第7号を中心に ― ……………*47*

はじめに ― 問題の所在 ―　*48*

1. 『AIGO』（日本精神薄弱者愛護協会）1992年第39巻第5号での議論　*51*
   （1）「巻頭言」：〔5月の特集〕再考 "精神薄弱" の呼称と人権Ⅰ ― 国内の動向 ―　*52*
   （2）伊藤隆二の見解との対照　*53*
2. 『AIGO』（日本精神薄弱者愛護協会）1992年第39巻第6号での議論　*54*
   （1）「巻頭言」：〔6月の特集〕再考 "精神薄弱" の呼称と人権Ⅱ ― 海外の動向 ―　*54*
   （2）伊藤隆二の見解との対照　*55*
3. 『AIGO』（日本精神薄弱者愛護協会）1992年第39巻第7号での議論　*57*
   （1）「巻頭言」：〔7月の特集〕再考 "精神薄弱" の呼称と人権Ⅲ ― それぞれの施設で ―　*57*
   （2）伊藤隆二の見解との対照　*58*
4. 糸賀一雄「この子らを世の光に」再考 ― 伊藤隆二との対照において ―　*64*
   （1）「この子ら」と共に生きる「ある親」の思い ― 自然体で生きる ―　*64*
   （2）糸賀一雄の最期　*65*
   （3）糸賀一雄の「この子ら」観＝人間観　*67*
   （4）糸賀一雄「この子らを世の光に」　*68*
   （5）「この子ら」の発達保障　*68*

おわりに ― まとめに代えて ―　*70*

引用文献　*70*

# 第4章　議論3：『発達の遅れと教育』（全日本特殊教育研究連盟）
　　　　　― 1992年第415号を中心として ― ……………*73*

はじめに ― 問題の所在 ―　*74*

1. 「三木安正」と「伊藤隆二」の比較対照と、伊藤隆二の「発達観」　77
    （1） 三木安正教授の「二つの巻頭言」　78
    （2） 伊藤隆二の論文（1985 年）― その「発達観」について ―　80
2. 特集号の座談会「人権にかかわる用語をどう改めるか」―「伊藤隆二」への言及 ―　82
    （1） 議論の契機 ― 松友了氏の発言 ―　82
    （2）「精神」の意味 ― 山口薫氏の発言 ―　83
    （3）「特集人権と用語問題」掲載論文 ―「座談会」以外 ―　85
3. キリスト教信仰を基礎にもつ伊藤隆二の教育思想　85
    （1）「神の選び」　85
    （2）「最も小さい者」　86
    （3）「弱さの力」　88
    （4）「この子らは啓発児なり」　88
    （5）「この子らは世の光なり」　90
おわりに ― まとめに代えて ―　90
引用文献　91

## 第 5 章　その後の動向、二つの「法律」から　95
はじめに ― 問題の所在 ―　96
1.「精神薄弱の用語の整理のための関係法律の一部を改正する法律」（1998年）　97
    （1） 概要 ― ノーマライゼーションを目指して ―　97
    （2） 厚生省研究班での検討　99
    （3）「精神薄弱」という用語の不適切性　101
    （4）「知的障害」の代替用語としての妥当性　102
2.「発達障害者支援法」（2004 年）　104
    （1） 概要と定義　104
    （2）「発達障害者支援法の一部を改正する法律」（2016 年）　110
3.「日本精神薄弱研究協会」の名称変更（1992 年）　112

（1）会告（抜粋）　*112*
　　（2）名称変更の経緯 ── 有馬正高氏 ──　*113*
　　（3）「障害」という言葉は残った ── 四団体の名称変更 ──　*115*
　4. 伊藤隆二の見解再考 ── 議論の起点の再確認 ──　*117*
　　（1）「1990年の伊藤隆二の発言は議論の起爆剤であった」── 松友了氏 ──　*117*
　　（2）「この子らは世の光なり」＝「この子らは啓発児なり」という教育思想
　　　　── 伊藤隆二教授 ──　*118*
おわりに ── まとめに代えて ──　*120*
引用文献　*122*

# 第1章

## 議論の端緒：伊藤隆二（1990）「『障害児』から『啓発児』へ ― 今まさに転回のとき ―」を中心に

要旨：知的ハンディキャップを持つ人を、どう呼称するかは、現在に至るまで議論が途絶えることが無い。それは、どのような「用語」を用いても変わらない。本書では、筆者の師である伊藤隆二教授が提唱している「『障害児』から『啓発児』へ」の思想を研究の出発点とする。近江学園の創立者・糸賀一雄氏は「この子を世の光に」と言われたが、伊藤教授は、それを更に進めて「この子らは世の光なり」と主張される。なぜ「この子らは世の光なり」なのか、また、なぜ「障害児」ではなく「啓発児」なのか、ということを本書は解き明かしたい。その際、1992年に特に集中した「精神薄弱」用語問題に関する議論を中心に考察を進めるのだが、本章は、まず、その契機となった論文・伊藤隆二（1990）「『障害児』から『啓発児』へ ― 今まさに転回のとき ―」に焦点を当てて検討した。その結果、知的ハンディキャップのある「この子ら」は、その「弱さ」ゆえに神に選ばれた存在であり、その「弱さ」ゆえに神の光を、そのまま受け容れ、自らが「世の光」となる。「この子ら」の光を身に受けた眼の前が曇っていた「強者」の内、目覚めた者は、己の至らなさを自覚し、正しくものを見ることに覚醒し、自ら低きに視点を移して正しく生きるようになる。そのような人が一人でも増える社会が達成されれば、「この子ら」は「障害児」ではなく「啓発児」と呼ばれるのが相応しいということになるのである。

## はじめに ― 問題の所在 ―

　特別支援教育に関する内外の歴史研究は興隆を見せている。それは教育方法論や実践論に加えて、歴史的社会的文脈における特別支援教育の在り方が重視されてきているからである。その際、研究に用いられる用語、特に知的ハンディキャップを持つ人々を、どう呼ぶかは、いつの時代でも議論の的であったのにもかかわらず、いつの間にか忘れられる。現在は「知的障害」あるいは「精神遅滞」で統一されたかに思われるが、それにも問題がないわけではない。1980年代までは「精神薄弱」が使われていた。それでは、なぜ現在は「知的障害」「精神遅滞」で統一されているのか。その謎を解く鍵は1992年に知的ハンディキャップに関する研究団体・支援団体などが行った「精神薄弱」用語問題に関する議論にある。そこで本書では1992年の「精神薄弱」用語問題の議論を中心として、今後、この議論を深めていく際の客観的な「たたき台」を提示しようと思う。なお、本章は、まず、1992年の「精神薄弱」用語問題の議論の興隆の契機となった論文・伊藤隆二（1990a）「『障害児』から『啓発児』へ―今まさに転回のとき―」を中心に検討する。

## 1. 伊藤論文（1990a）と、その反響

　本節では、まず本章の検討の対象である伊藤論文（1990a）を全文引用し提示した上で、その論文の反響について、大熊（1992）を参照しながら考察していきたい。

## (1) 伊藤論文（1990a）

「障害児」から「啓発児」へ―今まさに転回のとき―

横浜市立大学教授（現在、横浜市立大学名誉教授 ―― 引用者、以下同じ）
伊藤隆二

### 1. 名は体を表す

　「名は体を表す」といいます。私たちが長い間、使ってきた「障害児」「障害者」から「よいイメージ」を思い浮かべる人はほとんどいません。なぜならば「障害」は「妨害」とか、「邪魔」とか「あってはならないもの」を表しているからです。

　近くの駐車場には「車の通行にとって障害となるものは撤去します」という表示が出ていて、私は毎朝、毎夕そこを通るたびにイヤな気持ちになります。そのイヤな「障害」という二文字をなぜ人間の形容詞に使わねばならないのでしょうか。

　ある小学校の教師が「『害』は人びとにとってよくないものをいうときに使います。例えば害虫、害鳥がそうです。ほかに何かあるでしょうか」と子どもたちに質問したところ、多数の子どもたちが「障害児」と答えた、という話を聞きました。

　みなさんも「害」のつく言葉を沢山あげることができるでしょう。「水害」「公害」「災害」「危害」「冷害」「迫害」「毒害」「侵害」「殺害」「傷害」「損害」「弊害」「害悪」などなどです。

　ものの本によりますと、この「害」は動詞では「そこなう」と読み、「傷つく」「切り裂く」「打ち割る」「破る」「妨ぐ」「憎む」「忌む」といった意味を含んでいる、とあります。また名詞では「災難」「妨げ」「不利」「災禍」などと同じ意味だと説明されています。いずれにせよ、「害」は破壊的で人びとの生活にとってマイナスになるということを表しているのです。

### 2. 私は猛省する

　「障害」という表記が、いつ、だれによってなされたかは知りませんが、古い書物を見ると「障礙」「障碍」という漢字が使われていたことがわかります。「障」も「礙」も「さしつかえる」「さまたげる」という意味ですから、肉体上、あるいは精神的働きの面で、何か損傷を受けた人が、この社会での生活、学習、勤労

などの面で「さしつかえている（妨げられている）」場合を「障礙」「障碍」というのは不都合ではないかもしれません。しかし、「礙」「碍」が当用漢字にないからといって、いきなり「害」をあて、それ以来「障害児」「障害者」がひろがってしまったというのは、あまりに安易であったし、無神経のそしりはまぬがれないでしょう。

私自身、その無神経な一人であったのであり、弁解の余地がないわけですが、今この段に来て、猛省し、悔い改めようと決意しているので読者のみなさんのご賛同を得たいのです。

ときあたかも私どもの『誕生日ありがとう運動』をはじめて25年、この「運動のしおり」も第101号になり、ここを一つの「節目」として、「障害児」「障害者」の改名をよびかけようと、思ったわけであります。

この運動に参加した私どもは、初めからこの子らについて誤解し、いわれのない差別感や偏見をもっている人たちに、一人でも多く正しい理解者になっていただきたいという願いを抱き続けていました。にもかかわらず私ども自身、「障害児」「障害者」という言葉を使っていたのですから、真っ先に糾弾されなければならないのは私どもなのです。とくに私は人の数倍も苦い薬を飲まねばならないと思っています。

3. 言葉は意識を変える

先日、たまたまある出版社の編集室にいたとき、編集者の一人が電話で、だれかに「障害児」という漢字を教えているのを聞きました。

「『障害』の障はジャマスルの障。それ、故障という漢字があるでしょ。その障。こわれて使いものにならないということ。害は有害の害。そう、害毒の害。害毒を流す、というでしょ。人間にとって罪なものですよ。」

その編集者が、今、せっせと『障害児の育成』というタイトルの本を作っているのですから、なんとも奇妙ではありませんか。

名や表記を変えるだけではダメだ、大事なのはこの子らへの蔑視を改め、その人権を守るという意識革命だよ、という人もいます。私もその人の意見に賛成しないわけではありません。かつてこの子らは「人類の廃棄物」「社会の妨害者」「廃人」「瘋癲白痴」「低能児」「問題児」「能なし」「知能欠陥児」などと呼ばれていました。それらの言葉を使っていた当時の人びとは、この子らを、実際に、字義通りに見ていたのだろうし、かつ邪魔者として扱っていたのです。

しかし、人びとの意識が変わるとともに、この子らの表記も変わっていきまし

た。いえ、これはあべこべだったというべきでしょう。この子らの表記を変えることで、人びとのこの子らへの目も意識も態度も変わっていったというのが正しいと私は思っています。

「低能児」に代わって「精神薄弱児(せいしんはくじゃく)」とか「精神遅滞児(せいしんちたい)」が登場してきました。しかし、薄弱からも遅滞からもよいイメージが浮かべられないということで、あたりのいい「ちえおくれ」が使われ出しました。精神は全人格を表示する言葉であったとするならば、精神薄弱（精薄(せいはく)と略された）はどうしても全人格の欠陥がイメージされることが避けられませんでした。

### 4.「ちえおくれ」も問題

その点「ちえおくれ」は知的ハンディキャップを強調するというので受け入れられやすかったともいえます。

しかし、今ここに来て、私は「ちえおくれ」も変えなければならないと、真剣に思っているところです。「知恵」はキリスト教でも仏教でもきわめて重要な概念であり、それを知らずに、いとも簡単に「ちえおくれ」といってしまうのは大問題だからです。もちろん「おくれ」も差別語です。この子ら一人ひとりはそれぞれに独自的な存在であり、それぞれの違いは個性をあらわしているのであって、それを無視し、一括して「おくれ」というのは侮蔑語(ぶべつご)以外の何ものでもないからです。

ともあれ、名や表記を変えるだけではダメだというのは確かですが、だからといって悪いイメージしか与えない言葉を使い続けていいとはいえません。これからは「イメージ時代」と言われているだけに「障害児」「障害者」という言葉はいっそう気になります。

「障害」は英語ではハンディキャップという言葉に相当するようですから、「知力の障害」は、「知力のハンディキャップ」と和洋語にしてしまう手もあります。「障害」を社会にとって「さしつかえ、有害である」のではなく、社会の側からそれを背負わされている、というように逆転すれば、この子らは「ハンディキャップを負わされている子どもたち」というのが正しいでしょう。日本語でいえば「障害をもつ子」ではなく、「障害を受けている子」ということです。

それにしても「障害」という二文字はどうしてもいただけません。「ハンディキャップ」とカタカナにするのも妙案ですが、長すぎますし、すでに「ハンディキャップ」イコール「障害」という公式が人びとの頭に定着してしまっていますので、今後は使用にたえないでしょう。

5. この子らは「啓発児」なり

　そこで私は「この子らは世の光なり」という思想に立脚し、かつこの子らが人びとを啓発し、新しい社会を創る主人公である、という信念から、この子らを「啓発児」と呼ぶことを提唱したいのです。

　したがって、この子らの教育をこれまでは「特殊教育」とか「障害児教育」といっていましたが、今後は「啓発教育」と呼ばれることになります。この子らの養護学校は今後は「啓発学校」になります。

　さらにこまかく見ていくならば、盲教育は啓視教育、盲学校は啓視学校、聾教育は啓聴教育、聾学校は啓聴学校と呼びかえられることになります。知力ハンディキャップの子どもの教育（かつては精薄教育といわれていた）は啓知教育、この子らの学校は啓知学校と呼びかえられることになります。

　盲児は啓視児、聾児は啓聴児、「ちえおくれの子」は啓知児と呼ばれるようになれば、人びとのイメージも明るくなるでしょうし、未来に向かって希望を抱くことにもなるでしょう。

　「啓発」は、もともと無知蒙昧な状態をひらいていく、という意味であり、それは「先見の明」の人のすることと思われていました。そういう人は見識のある、いわゆる偉い人というイメージがありましたが、私は今、この世は知力のつよい者、貪欲な者、要領のよい者によってほとんど完全に支配され、破滅の道をまっしぐらに突き進んでいるように思えてなりません。明日の社会をひらくのは偉い人ではなく、知力は弱いが、悪事には無縁で、ただ純粋に、清らかに生き、人びとに生きる希望や喜びを与え続けているこの子ら以外にはいない、と私は確信しています。私のこの確信の根拠については『この子らは世の光なり』（樹心社）［伊藤1988］でも述べましたが、まもなく樹心社から上梓される『なぜ「この子らは世の光なり」か』（仮タイトル）［伊藤1990b］という拙著でくわしく述べています。

　「障害児」ではなく「啓発児」に、「障害教育」ではなく「啓発教育」に、「障害福祉」ではなく「啓発福祉」にかえることに賛同してくださる方が一人でも多くなることを心から願っています。

（1990年1月）

『誕生日ありがとう運動のしおり』増刊101号（1990年2月発行）から転載

〔伊藤1990a〕

　なお、上に引用した「しおり」を発行している「誕生日ありがとう運動」は、神戸市公立学校教員であった藤本隆氏が1965年に発足したボランティア団体

で、「この子ら」（ハンディキャップを持つ子どもたち）を正しく理解し支援する輪を広げる活動を行っている。伊藤隆二も初期の段階から、この活動に参画している。活動資金は、活動に共感される市井の老若男女が1年に1回の誕生日に、生かされている自分を深く見つめ、それに「ありがとう」と感謝しながら、浄財を100円寄付する、ということが主体となっている（藤本・松岡・奥秋 2010）。伊藤によれば1990年代の段階で寄付は1億円を超えていたということである。

## （2）その反響

大熊（1992）を検討すると、上の論文（伊藤1990a）の影響は「精神薄弱ご四家」と呼ばれる4つの団体に顕著に表れているという。その4つの団体の連合体が1974年10月に結成された「日本精神薄弱福祉連盟」であり、その後1998年7月に「日本知的障害福祉連盟」と改称、更に2006年に「公益社団法人 日本発達障害福祉連盟」に再改称されたものである。以下、4つの団体に注目して伊藤論文の影響を特に1992年の「精神薄弱」用語問題に焦点を当ててまとめたいと思う。なお、波線は伊藤論文の影響が直接あるいは間接にあったものを指す。

1）「研究者の集まり」
機関名の変更：
1966年7月設立「日本精神薄弱研究協会」→ 1992年改称「日本発達障害学会」
機関誌名の変更：
1967年発刊『日本精神薄弱研究協会会誌』→ 1979年改称『発達障害研究』
1992年の「精神薄弱」用語問題の議論：
『発達障害研究』1992年第14巻第1号特集「精神薄弱」用語問題を考える

2）「施設関係者の集まり」
機関名の変更：
1934年設立「日本精神薄弱者愛護協会」→ 1999年改称「日本知的障害者福祉

協会」

機関誌名の変更：

1954年発刊『愛護』→ 1992年4月改称『AIGO』→ 2002年4月改称『さぽーと』

1992年の「精神薄弱」用語問題の議論：

『AIGO』1992年第39巻第5号〔5月の特集〕再考"精神薄弱"の呼称と人権Ⅰ ― 国内の動向 ―

『AIGO』1992年第39巻第6号〔6月の特集〕再考"精神薄弱"の呼称と人権Ⅱ ― 海外の動向 ―

『AIGO』1992年第39巻第7号〔7月の特集〕再考"精神薄弱"の呼称と人権Ⅲ ― それぞれの施設で ―

3)「教育関係者の集まり」

機関名の変更：

1949年設立「特殊教育研究連盟」→ 1953年改称「全日本特殊教育研究連盟」→ 2006年改称「全日本特別支援教育研究連盟」

機関誌名の変更：

1950年発刊『児童心理と精神衛生』→ 1956年改称『精神薄弱児研究』→ 1985年改称『発達の遅れと教育』→ 2006年改称『特別支援教育研究』

1992年の「精神薄弱」用語問題の議論：

『発達の遅れと教育』1992年第415号 特集 ― 人権と用語問題

4)「親たちの会」

機関名の変更：

1952年設立「精神薄弱児育成会」（別名：「手をつなぐ親の会」）→ 1955年改称「全国精神薄弱者育成会」→ 1959年改称「全日本精神薄弱者育成会」→ 1995年改称「全日本手をつなぐ育成会」

機関誌名の変更：

1956年発刊『手をつなぐ親たち』→ 1993年4月改称『手をつなぐ』

1992年の「精神薄弱」用語問題の議論：

『手をつなぐ親たち』1992年7月号「用語」改称の呼びかけ

5)「障害」という言葉は残った

　以上の4つの団体が所属する「精神薄弱福祉連盟」、後（のち）の「知的障害福祉連盟」→「日本発達障害福祉連盟」が、なかなか「精神薄弱」という言葉を廃止できなかった経緯は有馬正高（ありままさたか）により以下のように紹介されている。

> 有馬先生
> 　精神薄弱という言葉を福祉連盟［「知的障害福祉連盟」→「日本発達障害福祉連盟」、かつては「精神薄弱福祉連盟」――引用者、以下同じ］がやめようっていったのはかなり早い時期でした。しかし、このような変更を厚生省（当時）が全部ストップさせたのです。厚生省（当時）の認可団体なので、本省のほうがまだ法律の改正をいろいろと考えている最中という理由です。法律が通るまで待ってくれということでした。そういうことで、福祉連盟の名称変更は滞（とどこお）ったのです。法律が改正された［1998年＝岩井1999］ので、申請としては知的発達障害と出したのですが、知的障害として、発達を除いてもいいという考えがあったのは、国際研究協会［「日本精神薄弱研究協会」は「国際精神薄弱研究協会」の要請により設立された経緯がある］がID［Intellectual Disabilities：知的障害］とつけて［「国際知的障害研究協会」と改称］、DD［Developmental Disabilities：発達障害］としなかったためでしょう。IDで統一したということがありました。
> 〔有馬・原・池田 2010、p.477〕

　いずれにせよ「精神薄弱」は「知的障害」と呼ばれるようになったのだが、それでも「知的障害」つまり「障害」の文字は残った。伊藤隆二の提案した「啓発児」は採用されなかった。また現在に至っても採用されていない。

## 2. なぜ「障害児」から「啓発児」なのか

　本節では、キリスト教信仰を基盤とする伊藤隆二の教育思想が集約的に表現されていると思われるNHK教育テレビの番組の中での伊藤の発言を引用しつつ、なぜ「障害児」から「啓発児」なのか、について考察を深めたい。なお、

その番組とは、平成8年［1996年］4月7日に放送されたNHK教育テレビ『こころの時代〜宗教・人生〜』「この子らに啓発されて」（話し手：伊藤隆二、聞き手：金光寿郎）であり、その番組をHP上に「逐語録」として掲載したもの［伊藤・金光1996］を参照・引用した。

## （1）「神の選び」

金光［寿郎＝聞き手──引用者、以下同じ］：そうですね。非常に強い言葉でおっしゃっているところですけれども、これも読まして頂きますと、

> 神は、知者をはずかしめるために、
> この世の愚かな者を選び、
> 強い者をはずかしめるために、
> この世の弱い者を選び、
> 有力な者を無力な者にするために、
> この世で身分の低い者や軽んじられている者、
> すなわち、無きに等しい者を、
> あえて選ばれたのである。
> それは、どんな人間でも、
> 神のみまえに誇ることがないためである。
> （コリント人への第一の手紙 一章 二十七から二十九節）

コリントの第一の手紙ですね。

伊藤［隆二＝話し手］：この聖書の御言葉に、私達が今読まして貰いますとですね、びっくりするような言葉、例えば、「愚かなる者」とかそれから「無きに等しい者」というような言葉がありますね。これは「神様があえてこの世にもたらしたのだ」と。〈何故もたらしたのかという、その答え〉なんですね。そうすると、〈自分は頭が優秀である〉とか、或いは〈力がある〉とか、〈地位がある〉とかですね、そう思っている人達、現代人というのは、そういうものを求めて、凄い勢いで走り回っているわけですけれどね。「頑張る」という言葉よく使われるのは、先ず、〈そういうものを求めている〉んだろうと思うんですが、〈ちょっと待ちなさい〉と。〈そうでないのだ〉という。〈そういう生き方としている人は、

実はとっても間違ったこと〉をしている。〈恥ずかしい思いをさせる為に〉というようなことを言っているんですけどね。なかなか分かってくれない。〈分かってくれないもんだから、こういう子供達をあえて選んで、この世にもたらして下さっているんだ〉ということなんですね。その教えを私達はやはりしっかりと受け止めないとですね、とんでもない方向に行きそうな感じがするんですね。実際、この子供達は兵器を作ったり、悪さをしてですね、人を困らすというようなことは全くしませんね。自分のペースで精一杯生きているんですが、しかし人を騙したり、苦しめたりということをしない。知的に優秀であるとか、有力であるとか、地位が高いという人ほど、実は人を苦しめるようなことをしているという面が多いわけですね。
〔伊藤・金光1996、p.11〕

　神は、この世を救済する御業の協力者として「愚かな者」「弱い者」「身分の低い者」「軽んじられている者」「無きに等しい者」［前者］を「あえて」選ばれた。決して「知者」「強い者」「有力な者」［後者］は選ばれなかった。それどころか、神は［前者］を選ぶ目的を、［後者］を「はずかしめるため」「無力な者にするため」と言い切っている。これは［前者］を通した救済と解放の御業が達成される時、それが［後者］のような人々の力や技で成し遂げられたものではなく、神そのものの御業であることを明確に示すためである。もちろん「この子ら」は［前者］である。なぜなら「神のみまえに誇ることがないためである」。もっと言うならば、「この子ら」は神が創造された「この世」を決して汚すことがないからである。一方、［後者］は自分の能力や業績や身分や財産を「誇り」、中には「この世」自体の崩壊につながるような「大量破壊兵器」を生み出す人もいる。上の引用中の伊藤の発言は「あなたは［後者］のように驕り高ぶって［前者］の人を下に見る人間になりたいですか。それとも『この子ら』に代表される［前者］のように神の使徒として『この世』の救済と解放の協力者として生きていきますか」という我々健常者と言われる人々に伊藤隆二が究極の問いを突き付けていることになるのである。

## (2)「最も小さい者」

金光：これもよく聞く言葉でございますが、ちょっと読まして頂きますと、

> あなたがたによく言っておく。
> わたしの兄弟であるこれらの
> 最も小さい者のひとりにしたのは、
> すなわち、わたしにしたのである。
> （マタイによる福音書 二十五章 四十節）

「わたしの兄弟である」。

伊藤：そうなんですね。

金光：これらの「最も小さい者のひとりにしたのは、すなわち、わたしにしたのである」。マタイ福音書の二十五章の言葉ですが。

伊藤：キリストの御言葉にはよくこの「兄弟」という言葉があるんですが、これは〈分け隔てのない皆平等な存在だ〉という意味があるんですね。しかしその中では〈最も小さい者〉と言うのは、もともとギリシャ語で書かれた聖書なんですが、ギリシャ語の小さいという意味には、単に〈年齢が幼い〉とか、或いは〈身体が小さい〉という意味だけじゃなくって、〈虐げられている〉という意味もあるんですね。〈知恵が低い〉という、〈見下げられている〉という、そういう意味もこの小さいという言葉の中にあるんですね。そういう人に対して何か、何か出来ることがあるならばして欲しいと。そのことは結局はこの聖書にありますように、それは、「わたしにしたことである」。これはキリストのご自身のことをおっしゃっているんですが、「最も小さい者のひとりに、何か出来ることがあってすることは、実はそれはわたしにしてくれたことなのだ」という。こういう言葉なんですね。そうすると、キリストに仕えて、キリストを信じて、どこまでも縋って生きようとするならば、具体的には、何をしなければいけないかというと。「最も小さい者にすること」なのだというその気付きだったんですね。ただこれもですね。〈私が強いものとして、小さきものに何かをして上げる〉ことかというと、これは違うんですね。私自身が〈最も小さきもの〉なんですね。色んな意味で、〈この私自身が救われていると。いろんな人によって生かされている。そうする

と、私もまた小さきものの一人として、色んな恩恵を受けている〉という発見をしたわけですね。そうすると、ここでいう〈最も小さい者のひとりというのは、私と同格〉なんですね。そういう発見をして行っている中ですね、〈この子供達に教えられることが実に多いなあ〉ということを後で気が付きましたね。

〔伊藤・金光1996、p.9〕

聖書による「最も小さい者」とは、神が選ばれた「世の無学な者」「世の無に等しい者」「身分の卑しい者」「見下げられている者」（コリントの信徒への手紙一 第1章 第27節 – 第28節——以下、聖書からの引用は新共同訳『聖書』(1987)による）であるが、より具体的には、子ども、女性、病気の人、障害のある人、飢えている人、身体を売る人、罪人、奴隷、取税人、羊飼い・豚飼いなどの牧畜人、行商人、小売り商人、日雇い労働者、門番・女中・給仕などの奉公人、サマリア人、異邦人などを指す。それらの人々は、才能、財産、地位、教養もなく、強い者から、疎んじられ、蔑まれ、虐げられ、痛みつけられ、押し潰されていて、いわば一見、自分の内にも外にも自分を衛る力を見出せない人々である。

「人の子」イエスは、父親がはっきりしない母マリアの子として生まれ、父ヨセフは、その批判に耐えながら生きた。そしてイエスは「石工」として生きていた。「石工」は現在の「大工」とは異なる職業差別を受けていた人々である。すなわち、イエスも「最も小さい者」であった。そして同胞ユダヤ人律法学者に疎まれローマ帝国の名のもとに十字架刑を受ける。その末期の際「アッバ」（ヘブライ語・アラム語の「お父さん」）と叫びながら、この世のすべての罪を背負って死んでいくイエスは「神の子」となる。「人の子」であり「神の子」であるイエス＝キリストの誕生である。「神人」イエスは「最も小さい者」の筆頭であり導き手でもある。処刑から3日後「復活」されたイエスは天上に昇られ「最も小さい者」の守護者となられた。

「この子ら」は「最も小さい者」である。そして我々も「最も小さい者」である。「神の似像」(imago Dei) として創造された我々人間は神から授けられた本来の「善」という側面だけでなく、「被造物」としての限界から「悪」の

誘惑を逃れることができない側面も持つ。すなわち生まれながらに「原罪」を背負っているのである。したがって、すべての人が「最も小さい者」なのである。しかし、聖母マリアが「無原罪の聖母」と呼ばれるように、「この子ら」は人間の中では最も「無原罪」に近い。それに倣い、我々健常者も自分の身を低くして「最も小さい者」＝「この子ら」と連帯することを伊藤隆二は主張しているのである。

　そのためには本田哲郎神父（2001）の「メタノイア」の考え方が最も参考になる。本田神父は大阪の日雇い労働者の町である"釜ヶ崎"で支援活動を行うカトリックの神父である。メタノイアとはふつう「悔い改め」「回心」などと翻訳されてきているが、本来は「視点の転換」（本田 2001、p.16）を意味する言葉であり、ギリシャ語新約聖書原典の文脈から言うと「低みに立って見直す」（本田 2001、p.17）ということを指す。

　「低みに立って見直す」と言っても本田神父も最初、誤解していたように「日雇い労働者」＝「最も小さい者」と同じ生活をするということではない（本田 2006、pp.50-55）。そうではなく「視点を低くもつ」すなわち「日雇い労働者の目線に立って考え行動する」という点に本田神父は気づかれた。正に「低みに立つ」＝「下に立つ」（understand）は「最も小さい者」を「理解する」（understand）ことから出発する。そうなれば「最も小さい者」＝「この子ら」を「上から目線」で見下したり、蔑んだり、虐待したりということはなくなる。この「メタノイア」の考えは伊藤隆二の考えと通底し、同じ地平に立つ「主体」同士、「人間」同士が、互いに「最も小さい者」として語り合い、関わり合い、補い合い、扶け合い、それぞれが「自分として」生き生きと、その「生」を全うする前提となるものである。

## （3）「弱さの力」

　　金光：その弱いから強いという。これは常識の世界ではそんなことがと思うんですけれども、ちゃんと聖書の中にはそういう言葉を発表されているところがあるわけですね。

主が言われた、「わたしの恵みは
あなたに対して十分である。
わたしの力は弱いところに完全にあらわれる。」

「弱いところに完全にあらわれる」ということをおっしゃっていますね。

　それだから、キリストの力が
わたしに宿るように、
むしろ喜んで自分の弱さを誇ろう。
・・・・・・・・
わたしが弱い時にこそ、
わたしは強いからである。
（コリント人への第二の手紙　十二章　九から十節）

「わたしが弱い時にこそ、わたしは強いからである」というのは、またほんとに凄い言葉ですね。

伊藤：そうですね。よく「発想の逆転」なんてことを言いますけれども、キリストの御言葉というのは、実は〈この世の私達が住んでいる、この世の発想、或いは価値観というものを見事にひっくり変えした〉ところに〈真理がある〉ということですね。〈本当の生き方がある〉んだということを教えて下さっているわけなんで、〈弱い時にこそ、私は強い〉ということですね。それで実は私自身も身体が大変弱かったものですから、この御言葉、非常に私にとっては励みになるんですね。　　　　　　　　　　　　　　　　〔伊藤・金光1996、pp.6-7〕

　正に伊藤が述べるように「発想の逆転」である。通常の社会の価値観では「強い者」が人を助けると考える。しかし、それは逆で「弱い者」が人を助ける。福音（The Word of God）の価値観は通常の価値観とは異なるのである。神の力を受け、人を生かすのは「弱い人」である。「弱い人」は他人の悲しみ・苦しみ・痛み・孤独・悔しさ・怒りがわかる。そうだからこそ人を真に励まし鼓舞することができる。再び立ち上がる力を人に与えることができる。「弱い人」＝「最も小さい者」＝「この子ら」の視点まで下がって、その生き方を学

ぶ時、真の相互理解と救済・解放が、この世に出現する。我々は頭(こうべ)を垂れ神の使徒である「この子ら」から真摯に学ぶことが重要であると伊藤隆二は主張しているのである。

## （4）「世の光」

金光：有名なヨハネによる福音書に出てる、例の盲人の方に対する言葉ですね。ちょっと読まして頂(いただ)きますと、

「この人が生まれつき盲人なのは、
だれが罪を犯(おか)したためですか。
本人ですか。それともその両親ですか」。
イエスは答えられた。
「本人が罪を犯したのでもなく、
また、その両親が犯したのでもない。
ただ神のみわざが、彼の上に現れるためである。
わたしたちは、わたしをつかわされたかたのわざを、
昼の間(あいだ)にしなければばらない。
夜が来る。すると、だれも働けなくなる。
わたしは、この世にいる間は、世の光である」。
（ヨハネによる福音書 九章 二から五節）

これはヨハネによる福音書の九章にある言葉でございますが、

伊藤：有名な御言葉ですね。ここで非常に明確に示されているのは、本人のせいでもないし、勿論(もちろん)、両親のせいでもない。こういう状態になっているのは、その神の御業(みわざ)であるということなんですね。でその上で、私達がその業(わざ)を行わないといけないんだという意味のことも書いてあるわけですね。

金光：私達はで、私ではないんですね。

伊藤：そうなんですね。〈このキリスト、一人じゃない〉ということなんですね。要するに、〈この世の人達が皆〉という意味なんですね。それは〈その目の曇(くも)り

を取って、正しくそのものごとを見抜いた人達〉。で〈そのことを神は期待しているんだ〉という意味だと思うんですね。これは、その後に「昼の間にしなければならない」ということが書かれておりますけれども、夜は悪魔というか、サタンの活躍する舞台ですね。で、そのサタンの働きを弱める為にも、「昼こういうことを我々はしなければいけなんだ」と。「その為に私はこの世に来たのだ」と。で「世の光なのだ」ということをおっしゃっているわけですね。この御言葉、私、非常に重要だと思うんですね。私達は弱い人、強い人に対して、〈強い人は善〉で、〈弱いのは悪だ〉とかですね。或いは〈業績を上げた人は善〉で、〈そうでない人は悪〉だというような捉え方をしているんですが、〈実はそうでない〉ということですね。ここでは盲人と言っておりますけれども、何らかの意味で弱いところがある人達ですね。そのことを代表させているんだと思うんですが、〈弱い人達の中に本当の生き方をしているものがある〉ということをキリストは教えて下さっているんだろうと思うんですね。 〔伊藤・金光1996、pp.5-6〕

　上の聖書の例では「盲人」(視覚ハンディキャップのある人)が挙げられているが、それは偶然ではない。「見えない人が善く見える」という福音の逆説である。見えない人は眼では光は見えない。しかし、光を眼が見える人より感じることができる。世の光とはイエス＝キリストであり、その光を正しく受け止めることができるのは「この目が見えない人」なのである。したがって、そのような人は神の御業の地上での協力者であり、つまり自身が「世の光」なのである。「正しく見る力」とは、言うまでもなく知的な力ではない。神が与える光を素直に、そのままに受け容れる心をもった人たちとは「弱い人」＝「最も小さい者」＝「この子ら」であり、これが伊藤隆二が主張する「この子らは世の光なり」の背景にある考え方である(伊藤1988・1990b・1995)。

## (5)「特別の目的」＝「啓発」

伊藤：先程、「障害児」という言葉、「障害者」という言葉ということは、よくないと言ったんですが、この子供達の方が、むしろ障害されているという面が非常に強いのではないかと、私なんか思うんですね。パール・バックさんの話を、先程申し上げたんですが、最終的に自分のところに、その知的能力にハンディを負った子供が生まれたと。〈その子供の役割は何だろうか〉と、彼女は非常に熱

心に考えたようですね。その結論として、〈ああ、この子供は特別な目的があって、この世にもたらされたんだ〉という。最終的に、その発見をしましてですね。同じ様な子供さんをお持ちのご両親に向かってですね、「頭を真っ直ぐに上げて、堂々と歩きなさい」と。「あなた達の子供が、むしろ世の光として、この暗い行き詰まってしまっている世の中を照らしてくれているじゃないか」という。そういう意味のことをこう書いておられるんですよ。

金光：その言葉をちょっと読まして頂きます。

> この子らはみな彼ら独特の目的をもっています。
> 世の親たちよ、恥じることはない！
> 絶望してはいけません。
> その子は自分と世の他の多くの子供たちのために、
> たしかに特別の目的をもっているものです。
> ・・・・・・
> 頭をあげて指示された道へ進まねばなりません。（パール・バック）
> 特別の目的を持っているんだと。俯いてじゃないと。頭を上げて歩きなさいと。

伊藤：そういうことなんですね。「指示された道」とこう書いてありますが、これは文字通り〈真理の道〉ですね。ほんとに〈正しい道〉というのは、〈その道〉なんだと。〈現代人はその道を間違っている〉と、或いは〈確認出来ないでいる〉んだということ。〔伊藤・金光1996、pp.11-12〕

　上の「特別な目的」とは何のことだろう。それは一言で言えば「この子ら」が「世の光」として灰色の雲に蔽われた「この世」を照らし、我々の曇った眼を開かせ、「真理の道」を指し示すことであろう。静（1993）は光の働きを「照らす、暖める、燃やす、浄める」（静1993、p.22）にまとめている。この考え方を敷衍して「特別な目的」を考察すれば次のようになる。

　「照らす」には人々の見える高いところに置かれる必要がある。「この子ら」を社会の片隅に置くのではなく、中央の高いところに置くのである。それによって、この世界の闇を明るく照らし、この世で生きる人、「この子ら」の光

によって曇った眼が開かれた人の苦悩をやさしく包み込む。「暖める」とは何を暖めるのか。曇った眼が開かれた人の冷たくなった心を温め、消えそうであった希望を暖める。この世の冷め切った愛をもう一度暖める。「燃やす」とは何を燃やすのか。この世は妬みや怒りや憎しみの火で燃えている。その火で傷つき立ち上がれない人が無数にいる。その人たちを無限大の愛の火、つまりは神の愛＝アガペ（Agape）＝無償の愛＝献身の愛の炎の中に包み込み、すべてを「この子ら」の生き方に倣うことである。「浄める」とは何を浄めるのか。アガペの火はすべての悪と罪、過誤を燃やし尽くし、この世を浄める。それは同時に我々の心の中も浄化する。悪と罪に塗れた古い自分は死に新しい自分として生まれ変わるのである。

このように考えてくると「この子らは世の光である」ことは明白になり、その「特別な目的」とは我々への「啓発」と言えないだろうか。このことに関して伊藤隆二は次のように述べている。

  この子らは、戦争を始めることも、それに参加することもしない。それどころか、自分の利得のために他者と競うこともしない。他者を騙し、ずるく振る舞うことをしない。自然を破壊し、環境を汚染することもしない。純粋で、真心いっぱいに生きている。どこまでも実直である。そして清らかである。この子らは、（たとえ、言葉が話せないほど、知力に重いハンディキャップを負っていても）その飾らない生き方のままで、すべての人に、「どう生きるのが正しいか」を教えている。

  この子らに教えられ、導かれ、この子らに赦され、癒され、浄められる人は、現代の社会では多いのだ。争いのない、誰もが扶け合い、補い合い、誰もが楽しく、それぞれ生きがいをもって、生き生きと生きていける世の中は、この子らが光であるから実現するのである。この世に光を送り、何もかも明るく照らし、安らぎとぬくもりと夢と希望を与えてくれるのはこの子らである。

  英語で「啓発」を「エンライトンメント（enlightenment）」というが、これは「光を灯して教え導くこと」を意味する。その役割を担っているのがこの子らであることははっきりしている。それゆえにこの子らは「啓発児」と呼ばれるのが

相応しい。　　　　　　　　　　　　　〔伊藤1995、pp.180-181〕
　　　　ふさわ

## おわりに ― まとめに代えて ―

　本章では1990年に発表された伊藤隆二教授の論文「『障害児』から『啓発児』へ ― 今まさに転回のとき ― 」を中心に考察した。その結果、知的ハンディキャップのある「この子ら」は「障害児」ではなく「啓発児」であることが明らかになった。「弱い者」である「この子ら」が特に啓発する人々は一般の人々よりも強い人々である。自分の家柄や地位や財産や名誉を誇る「強い者」である。このような「強い者」は眼が曇っていて正しくものが見られない。しかし「強い者」の内、目覚めた人たちは、「弱い者」である「この子ら」の放つ「光」によって曇った眼が晴れ渡る。その「光」は視点を低きに転換する力があり、そのことにより、地上にいるすべての人が互いに理解し、扶け合い、補い合う社会の実現可能性が開けてくる。正に「この子らは世の光なり」（伊藤隆二）なのである。したがって「障害児」という言葉は存在する意味を失い、「この子ら」を呼ぶとすれば、普段は各々の名前で呼ぶことは当然として、「この子ら」を敢えてまとめて表現しなければならない時は「啓発児」と呼ぶのが相応しい。以上が、伊藤隆二が発表された論文を検討した結果、明らかになった事柄である。

**引用文献**

有馬正高［話し手］・原仁［聴き手］・池田由紀江［聴き手］（2010）「日本発達障害学会設立50周年記念プログラム『名誉会員に聴く』鼎談有馬正高氏に聴く」『発達障害研究』（日本発達障害学会）32（5）、pp.471-485。

藤本隆・松岡廣路・奥秋克海（2010）「この人に聞く 藤本隆先生『誕生日ありがとう運動』で福祉問題を考え、実践に学んだこと」『ふくしと教育』（日本福祉教育・ボランティア学習学会）8、pp.48-51。

本田哲郎（2001）『小さくされた人々のための福音 ― 四福音書および使徒言行録 ― 』新世社。

本田哲郎（2006）『釜ヶ崎と福音 ― 神は貧しく小さくされた者と共に ― 』岩波書店。

伊藤隆二（1988）『この子らは世の光なり ― 親と子と教師のための生きることを考える本 ― 』樹心社。

伊藤隆二（1990a）「『障害児』から『啓発児』へ—今まさに転回のとき—」『誕生日ありがとう運動のしおり』増刊 101 号、pp.1-5［http://www.maroon.dti.ne.jp/okuguchi/yougo.htm に転載のものから引用］。

伊藤隆二（1990b）『なぜ「この子らは世の光なり」か—真実の人生を生きるために—』樹心社。

伊藤隆二（1995）『この子らに詫びる—「障害児」と呼ぶのはやめよう—』樹心社。

伊藤隆二［話し手］・金光寿郎［聞き手］（1996）「この子らに啓発されて」（逐語録）　NHK 教育テレビ『こころの時代—宗教・人生—』（平成 8 年［1996 年］4 月 7 日放送）、pp.1-13 ［http://h-kishi.sakura.ne.jp/kokoro-147.htm を A4 用紙にプリントアウトして頁数を付け引用］。

岩井美奈（1999）「精神薄弱の用語の整理のための関係法律の一部を改正する法律」『法令解説資料総覧』211、pp.61-65。

大熊由紀子（1992）「心ない福祉用語の改革が始まった」『社会福祉研究』（鉄道弘済会　社会福祉部）55、p.105-107。

静一志（1993）『地の塩と世の光—イエス様のたとえ話—』聖母の騎士社。

# 第2章
## 議論1：『発達障害研究』（日本精神薄弱研究協会）
— 1992年第14巻第1号を中心に —

要旨：知的ハンディキャップを持つ人を、どう呼称するかは、現在に至るまで議論が途絶えることが無い。それは、どのような「用語」を用いても変わらない。本書では、筆者の師である伊藤隆二教授が提唱している「『障害児』から『啓発児』へ」の思想を研究の出発点とする。近江学園の創立者・糸賀一雄氏は「この子らを世の光に」と言われたが、伊藤教授は、それを更に進めて「この子らは世の光なり」と主張される。なぜ「この子らは世の光なり」なのか、また、なぜ「障害児」ではなく「啓発児」なのか、ということを本書は解き明かしたい。その際、1992年に特に集中した「精神薄弱」用語問題に関する議論を中心に考察を進めるのだが、本章では、1992年の日本精神薄弱研究協会『発達障害研究』第14巻第1号「特集『精神薄弱』用語問題を考える」に焦点を当てて検討を進めた。なお、その前提として、1992年の「精神薄弱」用語問題の議論に先立つ前年（1991年7月7日）の日本精神薄弱研究協会第26回研究大会（日本福祉大学）におけるシンポジウム「『精神薄弱』の呼称・用語および概念の再検討」も視野に入れ考察した。その結果、医学・心理学・教育学・福祉学・法学といった各学問分野からの議論のみならず、当事者や保護者の視点も加味され、検討が続けられたことが分かった。これらの検討が1992年7月24日の「日本精神薄弱研究協会」の評議員会及び総会において「日本発達障害学会」と改称することの決定に繋がっている。ただ「精神薄弱」という言葉は除去されたが、「発達障害」という言葉は残った。つまり「障害」という言葉は残った。

## はじめに ― 問題の所在 ―

　特別支援教育に関する内外の歴史研究は興隆を見せている。それは教育方法論や実践論に加えて、歴史的社会的文脈における特別支援教育の在り方が重視されてきているからである。その際、研究に用いられる用語、特に知的ハンディキャップを持つ人々を、どう呼ぶかは、いつの時代でも議論の的であったのにもかかわらず、いつの間にか忘れられる。現在は「知的障害」あるいは「精神遅滞」で統一されたかに思われるが、それにも問題がないわけではない。1980年代までは「精神薄弱」が使われていた。それでは、なぜ現在は「知的障害」「精神遅滞」で統一されているのか。その謎を解く鍵は1992年に知的ハンディキャップに関する研究団体・支援団体などが行った「精神薄弱」用語問題に関する議論にある。そこで本書では1992年の「精神薄弱」用語問題の議論を中心として、今後、この議論を深めていく際の客観的な「たたき台」を提示しようと思う。

　本章では、1992年の日本精神薄弱研究協会（1992）『発達障害研究』第14巻第1号「特集『精神薄弱』用語問題を考える」を中心に検討を進める。なお、その前提として、1992年の「精神薄弱」用語問題の議論に先立つ前年（1991年7月7日）の日本精神薄弱研究協会第26回研究大会（日本福祉大学）におけるシンポジウム「『精神薄弱』の呼称・用語および概念の再検討」（日本精神薄弱研究協会第26回研究大会実行委員会1992）も視野に入れつつ考察する。

　後に1992年7月24日「日本発達障害学会」と改称される「日本精神薄弱研究協会」だが、一貫して「研究者の集まり」を自認してきた。現在の「日本発達障害学会」(2017)のHPでは「日本発達障害学会の概要」として次のように「設立・沿革」「事業」についてまとめられている。

　「設立・沿革」については次のように述べられている。

　　1964年8月に国際精神薄弱研究協会（The International Association for the Scientific Study of Mental Deficiency。1992年第9回世界大会において国際知

的障害研究協会 IASSID に改称）が設立され、初代会長に、当時のアメリカ精神薄弱研究協会（American Association on Mental Deficiency）会長の Stevens, H.A. が選ばれた。わが国では、この国際研究協会の要請を受けて 1966 年 7 月に日本精神薄弱研究協会を設立し、当時、国際研究協会の日本代表理事であった菅　修が初代会長となった。1978 年、菅修死去に伴い、三木安正が会長に就任。1979 年、従来の会誌に代えて、機関誌『発達障害研究』（季刊）の編集・刊行を開始。事務局の所在地は、国立秩父学園、全国たばこセンタービル内、ルート飯田橋ビル内、九段南グリーンビル内を経、現在、パレドール六義園北内におかれている。1984 年、三木安正死去、1985 年、秋山泰子三代目会長に就任。1991 年、有馬正高四代目会長に就任。2006 年より五代目会長に、原　仁就任。引き続き、国際知的障害研究協会の構成団体として、理事会に役員を派遣。日本学術会議第一部に加盟。1992 年名称を日本発達障害学会「The Japanese Association for the Study of Developmental Disabilities （JASDD）」に改称。

〔日本発達障害学会 2017〕

「事業」については次のように述べられている。

1. 機関誌『発達障害研究』（季刊）の編集・刊行。2. 年次研究大会の開催。3. 日本知的障害福祉連盟［現在「日本発達障害福祉連盟」──引用者、以下同じ］諸事業への協力・参加。日本知的障害福祉連盟は、本学会と以下の 3 団体によって構成されている。全日本特別支援教育研究連盟、日本知的障害者福祉協会、全日本手をつなぐ育成会。　　　　　　　　　　　〔日本発達障害学会 2017〕

なお、1992 年の段階では、機関誌名は『日本精神薄弱研究協会会誌』（1967 年発刊）から既に『発達障害研究』（1979 年改称）に替わってから 10 年以上の歳月が過ぎていた。［なお、日本発達障害学会の史的発展については、有馬・原・池田（2010）、山口・菅野・池田（2011）、高橋・原（2012）、池田・菅野・小島（2014）に詳しいが、本章の主題からは逸脱するので割愛する。］

## 1.『発達障害研究』1992 年第 14 巻第 1 号での議論

本節では、1991 年 7 月 7 日に行われた日本精神薄弱協会・第 26 回研究大会・シンポジウム「『精神薄弱』の呼称・用語および概念の再検討」(日本精神薄弱研究協会第 26 回研究大会実行委員会 1992) も視野に入れつつ、『発達障害研究』1992 年第 14 巻第 1 号「特集『精神薄弱』用語問題を考える」を中心に検討を試みる。その際、各執筆者の見解を適宜、引用しつつ考察を進めていきたい。

### (1)「障害児」から「啓発児」へ ― 伊藤隆二 ―

伊藤隆二は 1992 年の「精神薄弱」用語問題の端緒となる論文、「『障害児』から『啓発児』へ ― 今まさに転回のとき ― 」を 1990 年に発表している (伊藤 1990a)。本項で取りあげる論文 (伊藤 1992) も「特集『精神薄弱』用語問題を考える」の前に巻頭「展望論文」として掲載されている。そのことからも 1992 年の「精神薄弱」用語問題に先立つ最初期の提案者の一人として伊藤が位置づけられていることが分かる。なお、伊藤 (1992) から重要点を以下に引用する。

> この子ら［知的ハンディキャップのある子供たち ―― 引用者、以下同じ］は、能力主義的評価判定基準では「無きに等しき者」［新約聖書では「最も小さい者」とも呼ばれる］とされるが、その基準を捨てて、人間の本質を正しく見据えるならば、美事に光り輝いている、という真実が明白になる。この子らはその真実を目の曇っている人びとに知らせるという使命 (calling) をもってこの世にもたらされたのだ、と私［伊藤］は思いたい。そうであれば、この子らが世の啓発者となり、目の曇っている人びとの知を啓き、目を啓き、耳を啓く。
> 
> もっとも、自称「科学者」ならば、そのような形而上学的な解釈を一笑に付し、もっとこの子らの実態に即した用語をつくるべきだと、主張するだろう。それならば、少なくとも、これまでに述べてきた弊［「精神薄弱」も「精神遅滞」も「障害」も本来、不適切な言葉なのに使われ続けている現実があること］に陥らぬように、十分に注意を払いつつ、だれもが明るい気持になり、希望を見出せる

ような用語をつくるべきである。念を押すが、「精神」「害」「弱」「遅」「滞」「低」などは絶対に使わないことである。人びとを「否定」から「肯定」へ、「絶望」から「希望」へ転換させるのはまさに正しく、美しい言葉なのである。

〔伊藤 1992、p.7〕

　知的ハンディキャップのある「この子ら」は「障害児」ではなく「啓発児」であることは明らかだ、という。「弱い者」である「この子ら」が啓発する人々は一般の人々よりも強い人々である。特に自分の家柄や地位や財産や名誉を誇る「強い者」である。このような「強い者」は眼が曇っていて正しくものが見られない。しかし「強い者」の内、目覚めた人たちは、「弱い者」である「この子ら」の放つ「光」によって曇った眼が晴れ渡る。その「光」は視点を低きに転換する力があり、そのことにより、地上にいるすべての人が互いに理解し、扶け合い、補い合う社会の実現可能性が開けてくる。正に「この子らは世の光なり」(伊藤隆二) なのである。したがって「障害児」という言葉は存在する意味を失い、「この子ら」を呼ぶとすれば、普段は各々の名前で呼ぶことは当然として、「この子ら」を敢えてまとめて表現しなければならない時は「啓発児」と呼ぶのが相応しい。以上は、伊藤隆二が発表された論文 (伊藤 1983・1985・1990a・1991・1992・1994a・1994b)・著書 (伊藤 1988・1990b・1995)・直接にお話を伺ったこと (大学院修士課程から現在まで) を検討した結果、明らかになった事柄である。

## （2）要支援度による分類 ― 櫻井芳郎 ―

　櫻井芳郎 (1992) は「福祉臨床の立場」からの問題提起を行っている。重要点と思われる箇所を以下に引用する。

>　「精神薄弱」という用語は人権上、問題があると関係者の間でいわれて久しい。伊藤隆二は厚生省心身障害研究報告書〔伊藤 1991 ―― 引用者、以下同じ〕のなかで、用語 (言葉) は学問の進歩や時代の社会思想を写し出すという観点から「精神薄弱」の用語の由来を国内外の社会的背景をふまえて考察し、結論として不適切語であると述べている。この問題は関係団体だけでなく、国会でも論議されるなど、各方面で取りあげられている。

しかし「精神薄弱」用語問題に関する一般市民と心身障害関係者との間では、その態度や意識に大きな隔たりがあり、また、心身障害関係者の間でも多様であり、共通の理解が得られていない。このようなことを考えあわせると、社会の人々のもつ「精神薄弱」の概念の変革なしに用語だけを改正しても、新しい用語が偏見や差別を帯び、事態は変わらず、百年河清を待つに等しいであろう。
　したがって、目下の急務は社会意識の変容に一般市民、障害をもつ人、関係者などが力をあわせて取り組むとともに当面は「精神薄弱」の用語に代えて。"発達期における精神機能の損傷（Mental impairment）〈あるいは知的機能の障害（Intellectual impairment）〉によって生じた学習困難児（子どもの場合）、あるいは要援助者（成人の場合）"として、必要とする援助内容を示すことを提案したい。　　　　　　　　　　　　　　　　　　　　　　　〔櫻井1992、p.17〕

「要支援度による分類」という櫻井芳郎の発想は、The American Association on Mental Retardation（1992）〔邦訳：アメリカ精神遅滞学会（AAMR）1999〕における着目点と軌を一にしている。なぜ櫻井が、このような発想をしたのかについては、1991年のシンポジウムで次のように櫻井自身によって明確に述べられている。

　精神薄弱者福祉臨床というのは、人権尊重、共存の思想をふまえて、精神薄弱児・者が心身の障害にめげず、人間として精一杯生きていこうとする努力を人間愛で支え、見守り、人間として成長していくうえの妨げとなる危機場面を早期に発見し、さまざまな社会資源を活用して問題解決を援助し、生きがいが感じられる人間生活が営めるように願い、それをめざして対象者とともに歩む援助活動をいいます。〔日本精神薄弱研究協会第26回研究大会実行委員会1992、p.222〕

（3）　差別的意識の変革を ― 山口薫 ―
　山口薫（1992）は「教育の立場」からの問題提起を行っている。重要点と思われる箇所を以下に引用する。

　ことばは生きものである。どんな美しいことばで呼んでみても、呼ばれるものに対する差別的意識がなくならない限り、新しいことばは必らずまた汚れていく。
　私たち〔山口ら執筆者――引用者、以下同じ〕がここ〔『発達障害研究』誌上

で「精神薄弱」という用語を考えることは、用語を考えることによって精神薄弱と呼ばれている人たちに対するわれわれの意識を変革しようということなのである。

そうだとすれば、適切な用語を見つけるのに長い時間と苦しみが伴うのはむしろ当然なのではないだろうか。〔山口1992、p.22〕

用語問題に先行して、社会の側の「差別意識の改革」を求める山口の姿勢は一貫しており、1985年の段階でも次のように明確に主張されている。

今後最も適切な用語を求めて検討を続ける必要があるが、用語を検討するにあたって留意しなければならないことは、実態にふさわしい適切な語を用いることは大切ではあるが、より大切なことは、「精神薄弱」と呼ぼうが「精神遅滞」と呼ぼうが、そのことばで呼ばれる人たちへの社会的意識を変革することにあるという点である。〔山口1985、pp.6-7〕

## （4）法律から「精神薄弱」という用語を一掃するために ― 長谷川泰造 ―

長谷川泰造（はせがわたいぞう）（1992）は「法律家および親の立場」からの問題提起を行っている。重要点と思われる箇所を以下に引用する。

「人間の病気や特殊な症状に名前をつけるのは、治療や教育、更生（こうせい）の指針にするためであろう。だから私［長谷川──引用者、以下同じ］は自分の子ども［"重度重複障害児"（長谷川自身の言葉）］のことを他人に紹介するときに、脳障害児とは言っても『精神薄弱児』とか『心身障害児』などとは口がさけても言えない。-----『精神』や『心』と肉体は全（まった）く別のものであり、本来身体の一部である脳の障害を即（そく）、精神や心の障害と結びつけるのは一体なぜだろう。それは脳のしくみと働きについての無知にほかならない」（全日本特殊教育研究連盟機関誌、発達の遅れと教育 1985年7月号巻頭提言の拙稿（せっこう）［長谷川1985、p.1］より）

上記機関誌はかつて「精神薄弱研究」と題されていたものを改題された。
「精神薄弱」という用語が法律から無くなるためにはまずこの言葉が現場で死語とならなければならないだろう。本誌［『発達障害研究』］を編集する団体［「日本精神薄弱研究協会」］もそろそろ協会名を改称したらいかがと思う。同様にその他の団体、例（たと）えば、愛護協会［「日本精神薄弱者愛護協会」］、育成会［「全日本精神薄弱者育成会」］等々すべての団体から「精神薄弱」という文字が除かれた

ときに法改正の機は熟したと言えるのではあるまいか。　　〔長谷川1992、p.32〕

　長谷川が上で指摘した「日本精神薄弱研究協会」は、この研究誌が発行された1992年5月の後、比較的短期に、7月24日「日本発達障害学会」と改称した。この団体も含めて「精神薄弱ご四家」と呼ばれる4つの団体がある。その4つの団体の連合体が1974年10月に結成された「日本精神薄弱福祉連盟」であり、その後1998年7月に「日本知的障害福祉連盟」と改称、更に2006年に「公益社団法人日本発達障害福祉連盟」に再改称されたものである。以下、4つの団体それぞれの機関名や機関誌名の変更の推移をまとめて記述してみたい。なお、波線は長谷川論文が発表された時点（1992年5月）での「名称」である。

1）「研究者の集まり」
機関名の変更：
1966年7月設立「日本精神薄弱研究協会」→ 1992年7月24日改称「日本発達障害学会」
機関誌名の変更：
1967年発刊『日本精神薄弱研究協会会誌』→ 1979年改称『発達障害研究』

2）「施設関係者の集まり」
機関名の変更：
1934年設立「日本精神薄弱者愛護協会」→ 1999年改称「日本知的障害者福祉協会」
機関誌名の変更：
1954年発刊『愛護』→ 1992年4月改称『AIGO』→ 2002年4月改称『さぽーと』

3) 「教育関係者の集まり」

機関名の変更：

1949年設立「特殊教育研究連盟」→ 1953年改称「全日本特殊教育研究連盟」→ 2006年改称「全日本特別支援教育研究連盟」

機関誌名の変更：

1950年発刊『児童心理と精神衛生』→ 1956年改称『精神薄弱児研究』→ 1985年改称『発達の遅れと教育』→ 2006年改称『特別支援教育研究』

4) 「親たちの会」

機関名の変更：

1952年設立「精神薄弱児育成会」（別名：「手をつなぐ親の会」）→ 1955年改称「全国精神薄弱者育成会」→ 1959年改称「全日本精神薄弱者育成会」→ 1995年改称「全日本手をつなぐ育成会」

機関誌名の変更：

1956年発刊『手をつなぐ親たち』→ 1993年4月改称『手をつなぐ』

## （5）本人の「名前」を呼ぼう ― 大石坦 ―

大石坦（ひろし）（1992）は「養護学校（特別支援学校 ― 知的障害 ―）の立場」からの問題提起を行っている。重要点と思われる箇所を以下に引用する。

> 私［大石 ―― 引用者、以下同じ］としては、「ちえおくれ」「知恵遅れ」「障害児」「心身障害児」「学習遅延児」があまり用語の概念を明確にしないまま、これからも当分使用されるのではないかと思います。また本人に直接話す場合、こうした用語を使わず、本人の氏名を使いますから、必要な場面は研究会、研修会だと思います。用語以前の問題として、私ども［特別支援教育担当教員］が児童・生徒をどのように考え、どのように日頃接しているかがより重要だと思います。どんなに丁寧な言葉を使っても心の中で差別する気持ちがあれば、相手も敏感に感ずるでしょう。
> 　日本語には、ことだま思想があり、精神薄弱の四文字の中に人間としての失格者とした意味あいが出てしまいます。〔大石1992, p.40〕

大石坦や真保(しんぽ)(1992)が主張するように「本人の名前を呼ぶ」ということは、とても重要な視点である。そして「この子ら」は成人する。その時、「この子ら」→「この人ら」を、どう呼ぶかの議論は続いている。例えば、市川(2008)では、成人した「この人ら」を対幼児呼称(「ちゃん」「くん」呼び)する職員がいるが、それは「この人ら」を「永遠の子ども」(p.33)として固定化することになり、「この子ら」→「この人ら」への発達的可変性の否定(具体的には「この子ら」が不完全なままで、且(か)つ発達しない状態で一生を送ることを想定すること)に繋(つな)がる可能性がある、と述べられている。

### (6) 用語と偏見と語感 ― 小出進 ―

小出 進(こいですすむ)(1992)は「語感と科学性の観点」からの問題提起を行っている。重要点と思われる箇所を以下に引用する。

> もともと偏見に基づいた用語を使用する場合と、用語使用の史的過程で、偏見を含む語感が形成される場合がある。
> 戦前、教育界でよく使用された「劣等」「低能」、戦後、一般に使用されてきた「精神薄弱」などの各語は、いずれも偏見と結びつき、使用に耐えないか、耐えなくなりつつある。
> 主な偏見の一つは人格蔑視で、もう一つは反社会性・犯罪性の強調である。「精神薄弱」の語の場合、特に後者との結びつきが強い。
> 作業所作りに地域住民が反対する。同一地域で放火や殺人などの犯罪が発生すると、「精神薄弱」というだけで、疑われる。精神薄弱と反社会性・犯罪性を関係づける偏見のためである。
> このような偏見が社会にある限り、どんな用語を使用しても、いずれは、用語と偏見が結びつき、好ましくない語感ができてしまう。
> だからと言って、用語を改めてもしようがないと結論すべきではない。悪い語感をもつようになった用語は改めなければならない。　〔小出1992、p.41〕

小出進は「語感と科学性」の観点から「用語と偏見と語感」の関係を明確に主張しているが、その契機となった伊藤隆二の提案(1990年の論文における「障害児」を廃して「啓発児」と呼ぼうということ)を松友 了(まつともりょう)は以下のよう

に紹介している。

> ［松友了の発言──引用者、以下同じ］　もう一つ、従来と違うのは、具体的な提案がなされるようになったということです。今日は都合でいらっしゃっていないけど、伊藤隆二さんの役割は大きかった。あの人の提案については私［松友］は批判的ですが、具体的にこういう表現をしようと提案したことは評価したい。
> 　多くの人は、問題を分析したり、人の提案を批判したりするけども、こう変えたらいいんだという提案をしなかった。伊藤さんがとんでもないロマンチックな提案［「この子ら」を「啓発児」と呼ぼうという提案］をされたので、あんな用語になったら困るということで、みんな自分の提案を始めたように思います。
> 〔清水・関・田ケ谷・松友・山口・小出 1992、p.26〕

なお、以上の松友の発言は、前後の文脈から考えれば、伊藤隆二への単なる「批判」ではなく、伊藤の提案（「障害児」を廃して「この子ら」を「啓発児」と呼ぼうという提案）により「精神薄弱」用語問題の議論が活発になったとの肯定的意味合いの発言である。

## （7）当事者の視点から ── 手塚直樹 ──

手塚直樹（1992）は「労働の立場」からの問題提起を行っている。重要点と思われる箇所を以下に引用する。

> 「精神薄弱」というよび名を否定し、用語問題として新しいよび名を設定しようとするとき、次の点に留意することはとても大切なことだと思う。
> ○社会の中で生活する一人の人間としてどうとらえていくかということ。
> ○人権の視点からとらえていくということ。
> ○本人を中心にとらえていくこと。「よばれる」ではなく「本人がどうよぶか」ということ。
> ○周囲を変えていく運動という視点からとらえていくこと。
> ○他の障害と共通し関連性のあること。
> ○ことばの中に価値観を入れないこと。
> 等である。
> 〔手塚 1992、p.43〕

手塚直樹は「当事者の視点」から論じているが、さらに次の3名の論者の指

摘は傾聴に値する。第一に「知的障害をもつ人たちは自分の障害と、その用語についてどう考えているか」(柴田 1992) ということ、第二に「用語と本人活動への影響」(松友 1999) について、第三には「当事者の自己決定の尊重と用語問題」(寺本 1999) である。

## (8)「精神」の「薄弱」？ ― 江草安彦 ―

江草安彦(えぐさやすひこ)（1992）は「社会福祉法人の立場」からの問題提起を行っている。重要点と思われる箇所を以下に引用する。

> 精神は「一般には物質・肉体に対立するものとしての心と同意味に用いられるが、とくに心的能力の高次なもの、すなわち科学や芸術などをつくる働きについていわれる（哲学辞典）」といわれています。精神医学では基本的精神状態として意識、知能、性格を指しています（諏訪望著：最新精神医学）。精神＝知能ではありません。したがって、精神薄弱、精神遅滞という用語は不適切です。その上、高次な人間性を示す「精神」が薄弱、遅滞ということになると、人格を否定する用語だともいえます。きわめて不適切なものといえましょう。
> 〔江草 1992、p.44〕

江草安彦は「社会福祉法人の立場」から「精神の薄弱」という言葉が指し示す差別的な意味に疑義を呈(てい)している。田ヶ谷（1992）では、田ヶ谷が勤務する施設（そだち園）では、更(さら)に具体的に、職員を「この子ら」「この人ら」が「先生」と呼びかけることはなく、「この子ら」（子ども）は、すべて「君」「さん」付けで、「この人ら」（成人）は、すべて「さん」付けで呼ばれている。それ以上に「この子ら」「この人ら」の幸せを最重要視し、その治療教育を推進すると共に、「この子ら」「この人ら」と地域社会の交流を盛んにするように努めている、と述べられている。

## (9) 親の視点 ― 皆川正治 ―

皆川(みながわ) 正治(しょうじ)（1992）は「親の立場」からの問題提起を行っている。重要点と思われる箇所を以下に引用する。

用語についての親の意識調査では、強く改訂を求める声と何とも言えないとの声が相半ばする。嫌な用語に違いないが、変えても結局すぐ垢がつくので言葉にかかわらずに中身で勝負が大切、かえって曖昧になっては運動がしにくくなる、代わるいい用語が思いつかいない等々である。　　　　　　　〔皆川 1992、p.45〕

皆川正治や藤江（1992）・北沢（1992）が主張するように「親の視点」と言っても人それぞれであり、無論一つにはまとめられない。更には小出進が以下に紹介するように、保護者によっては「障害という言葉を避けることは逃げであり、ごまかしだ」と考える人もいる。これは大変重要な指摘だと筆者は考える。

司会［小出進――引用者、以下同じ］　障害という言葉を避けたいということですが、ある親御さんは、それを使うべきだと主張していました。たとえば、遅滞のほうが障害よりも柔らかい感じがするんですが、その親御さんは、事実は単なる遅滞ではなく障害なんだと言うんですね。そして、障害の言葉を避けることは逃げであり、ごまかしだと言われ、障害の言葉を使うべきだと主張されていました。　　　　　　　　　　〔清水・関・田ケ谷・松友・山口・小出 1992、pp.25-26〕

## おわりに ― まとめに代えて ―

本章では、1991年7月7日に行われた日本精神薄弱協会・第26回研究大会・シンポジウム「『精神薄弱』の呼称・用語および概念の再検討」（日本精神薄弱研究協会第26回研究大会実行委員会 1992）も視野に入れつつ、『発達障害研究』1992年第14巻第1号「特集『精神薄弱』用語問題を考える」を中心に検討を試みた。その結果、医学・心理学・教育学・福祉学・法学といった各学問分野からの議論のみならず、当事者や保護者の視点も加味され、検討が続けられたことが分かった。これらの検討が1992年7月24日の「日本精神薄弱研究協会」の評議員会及び総会において「日本発達障害学会」と改称することの決定に繋がっている。ただ「精神薄弱」という言葉は、法律文言（岩井 1999）はじめ、その他の名称から除去されたが、「発達障害」という言葉は残った。つまり「障害」という言葉は残ったのである。まだまだ、この時点

では伊藤隆二教授の主張する「障害児」から「啓発児」への移行は、まだ始まってもいなかったのである。無論、現在に至っても達成されてはいないが、諦めず一歩一歩研究を深めて、このことに少しでも貢献したいと思う。

**引用文献**

The American Association on Mental Retardation ［AAMR］（Ed.）（1992）*Mental Retardation: Definition, Classification, and Systems of Supports.* ［9<sup>th</sup> Edition］ Washington, D.C.: The American Association on Mental Retardation.

アメリカ精神遅滞学会［AAMR］［編］・茂木俊彦［監訳］（1999）『精神遅滞：定義・分類・サポートシステム』【第9版】学苑社．

有馬正高［話し手］・原仁［聴き手］・池田由紀江［聴き手］（2010）「日本発達障害学会設立50周年記念プログラム『名誉会員に聴く』鼎談有馬正高氏に聴く」『発達障害研究』（日本発達障害学会）32（5）、pp.471-485。

江草安彦（1992）「用語の重みを問う」『発達障害研究』（日本精神薄弱研究協会）14（1）、p.44。

藤江もと子（1992）「共に生き、共に暮らす隣人として」『AIGO』（日本精神薄弱者愛護協会）39（5）、pp.20-24。

長谷川泰造（1985）「『心神障害者』を救済しよう」『発達の遅れと教育』（全日本特殊教育研究連盟）326、p.1。

長谷川泰造（1992）「法律上の『精神薄弱』用語問題について」『発達障害研究』（日本精神薄弱研究協会）14（1）、pp.28-32。

市川和彦（2008）「知的障害者に対する呼称のありかたに関する考察―なぜ対幼児呼称（「ちゃん」「くん」呼び）が不適切なのか―」『キリスト教社会福祉学研究』（日本キリスト教社会福祉学会）41、pp.31-40。

池田由紀江［話し手］・菅野敦［聴き手］・小島道生［聴き手］（2014）「日本発達障害学会設立50周年記念プログラム『名誉会員に聴く』鼎談池田由紀江氏に聴く」『発達障害研究』（日本発達障害学会）36（4）、pp.390-395。

伊藤隆二（1983）「発達障害とは何か―新しい意味と解釈―」『教育と医学』（教育と医学の会・慶應通信）31（10）、pp.4-11。

伊藤隆二（1985）「発達の遅れている子どもたち―能力主義から『人間主義』への転換を―」『発達の遅れと教育』（全日本特殊教育研究連盟）323、pp.12-19。

伊藤隆二（1988）『この子らは世の光なり―親と子と教師のための生きることを考える本―』樹心社．

伊藤隆二（1990a）「『障害児』から『啓発児』へ―今まさに転回のとき―」『誕生日ありがとう運動のしおり』増刊101号、pp.1-5 ［http://www.maroon.dti.ne.jp/okuguchi/yougo.

htmに転載のものから引用]。

伊藤隆二（1990b）『なぜ「この子らは世の光なり」か ― 真実の人生を生きるために ―』樹心社。

伊藤隆二（1991）「『精神薄弱』『障害』という用語を改正するために」『地域福祉における「用語」および社会的背景に関する研究 ― 初年度研究報告書 ―』厚生省、pp.7-11。

伊藤隆二（1992）「『精神薄弱』用語問題の現状と展望」『発達障害研究』（日本精神薄弱研究協会）14（1）、pp.1-7。

伊藤隆二（1994a）「偏見・差別」石部元雄・伊藤隆二・中野善達・水野悌一（編）『ハンディキャップ教育・福祉事典Ⅱ自立と生活・福祉・文化』福村出版、pp.878-888。

伊藤隆二（1994b）「宗教」石部元雄・伊藤隆二・中野善達・水野悌一（編）『ハンディキャップ教育・福祉事典Ⅱ自立と生活・福祉・文化』福村出版、pp.929-938。

伊藤隆二（1995）『この子らに詫びる ―「障害児」と呼ぶのはやめよう ―』樹心社。

岩井美奈（1999）「精神薄弱の用語の整理のための関係法律の一部を改正する法律」『法令解説資料総覧』211、pp.61-65。

北沢清司（1992）「知的障害者の親の立場からみた人権と用語」『発達の遅れと教育』（全日本特殊教育研究連盟）415、pp.44-46。

小出進（1992）「語感と科学性の二面から考えて」『発達障害研究』（日本精神薄弱研究協会）14（1）、p.41。

松友了（1999）「『用語』の問題と本人活動」『発達』（ミネルヴァ書房）20（80）、pp.21-26。

皆川正治（1992）「社会の意識改革と本人の受容を考えて」『発達障害研究』（日本精神薄弱研究協会）14（1）、p.45。

日本精神薄弱研究協会第26回研究大会実行委員会（1992）「シンポジウム『精神薄弱』の呼称・用語および概念の検討』の記録」『日本福祉大学研究紀要』87（1）、pp.199-265。

日本発達障害学会（2017）「日本発達障害学会の概要」http://jasdd.org/gaiyo.html

大石垣（1992）「『精神薄弱』について考える」『発達障害研究』（日本精神薄弱研究協会）14（1）、p.40。

櫻井芳郎（1992）「『精神薄弱』概念の再検討と『精神薄弱』用語の吟味」『発達障害研究』（日本精神薄弱研究協会）14（1）、pp.12-17。

柴田洋弥（1992）「知的障害をもつ人たちは自分の障害とその用語についてどう考えているのか」『発達の遅れと教育』（全日本特殊教育研究連盟）415、pp.47-49。

清水寛・関陽郎・田ケ谷雅夫・松友了・山口薫・小出進（1992）「座談会人権にかかわる用語をどう改めるか」『発達の遅れと教育』（全日本特殊教育研究連盟）415、pp.12-34。

真保真人（1992）「精神薄弱の呼称を改める意味」『AIGO』（日本精神薄弱者愛護協会）39（5）、pp.25-30。

田ヶ谷雅夫（1992）「『精神薄弱』の呼称と施設の暮らし」『AIGO』（日本精神薄弱者愛護協会）

39（5）、pp.14-19。

高橋彰彦［話し手］・原仁［聴き手］（2012）「日本発達障害学会設立50周年記念プログラム『名誉会員に聴く』鼎談高橋彰彦江氏に聴く」『発達障害研究』（日本発達障害学会）34（4）、pp.427-434。

手塚直樹（1992）「主に労働の立場からの提言」『発達障害研究』（日本精神薄弱研究協会）14（1）、p.43。

寺本晃久（1999）「例外の再編」『発達』（ミネルヴァ書房）20（80）、pp.39-44。

山口薫（1985）「『精神薄弱』と『発達の遅れ』」『発達の遅れと教育』（全日本特殊教育研究連盟）323、pp.5-11。

山口薫（1992）「教育の立場から」『発達障害研究』（日本精神薄弱研究協会）14（1）、pp.18-22。

山口薫［話し手］・菅野敦［聴き手］・池田由紀江［聴き手］（2011）「日本発達障害学会設立50周年記念プログラム『名誉会員に聴く』鼎談山口薫氏に聴く」『発達障害研究』（日本発達障害学会）33（4）、pp.447-452。

# 第3章

## 議論2：『AIGO：精神薄弱福祉研究』
## （日本精神薄弱者愛護協会）
― 1992年第39巻第5号から第7号を中心に ―

要旨：知的ハンディキャップを持つ人を、どう呼称するかは、現在に至るまで議論が途絶えることが無い。それは、どのような「用語」を用いても変わらない。本書では、筆者の師である伊藤隆二教授が提唱している「『障害児』から『啓発児』へ」の思想を研究の出発点とする。近江学園の創立者・糸賀一雄氏は「この子らを世の光に」と言われたが、伊藤教授は、それを更に進めて「この子らは世の光なり」と主張される。なぜ「この子らは世の光なり」なのか、また、なぜ「障害児」ではなく「啓発児」なのか、ということを本書は解き明かしたい。その際、1992年に特に集中した「精神薄弱」用語問題に関する議論を中心に考察を進めるのだが、本章では、1992年の日本精神薄弱者愛護協会『AIGO』第39巻第5号から第7号「再考"精神薄弱"の呼称と人権」【Ⅰ・Ⅱ・Ⅲ】に焦点を当てて検討を進めた。その際、それぞれの「巻頭言」を引用し、更に、それを伊藤隆二の見解と対照させることによって本研究の問題点を明確にした。すなわち「用語」は、それを提唱する人の「発達観」「人間観」が大きく反映され、そのことを欠く議論は単なる「名称変更」以外の何でもなくなる危険があるということである。最後に、まとめとして、糸賀一雄の「この子らを世の光に」の思想を、伊藤隆二の「この子らは世の光なり」の教育思想と比較対照しながら、「発達保障」「同行者」という観点から論じた。

## はじめに ― 問題の所在 ―

　特別支援教育に関する内外の歴史研究は興隆を見せている。それは教育方法論や実践論に加えて、歴史的社会的文脈における特別支援教育の在り方が重視されてきているからである。その際、研究に用いられる用語、特に知的ハンディキャップを持つ人々を、どう呼ぶかは、いつの時代でも議論の的であったのにもかかわらず、いつの間にか忘れられる。現在は「知的障害」あるいは「精神遅滞」で統一されたかに思われるが、それにも問題がないわけではない。1980年代までは「精神薄弱」が使われていた。それでは、なぜ現在は「知的障害」「精神遅滞」で統一されているのか。その謎を解く鍵は1992年に知的ハンディキャップに関する研究団体・支援団体などが行った「精神薄弱」用語問題に関する議論にある。そこで本書では1992年の「精神薄弱」用語問題の議論を中心として、その前後のみならず、明治期から現在までの、この問題についての検討を背景に、今後、この議論を深めていく際の客観的な「たたき台」を提示しようと思う。

　但し本章では、1992年の日本精神薄弱者愛護協会『AIGO』第39巻第5号から第7号"再考"精神薄弱"の呼称と人権"【Ⅰ・Ⅱ・Ⅲ】を中心に検討を進める。なお、第5号は〔5月の特集〕再考"精神薄弱"の呼称と人権Ⅰ ― 国内の動向 ― 、第6号は〔6月の特集〕再考"精神薄弱"の呼称と人権Ⅱ ― 海外の動向 ― 、第7号は〔7月の特集〕再考"精神薄弱"の呼称と人権Ⅲ ― それぞれの施設で ― である。その際、それぞれの号の「巻頭言」を引用し、それと伊藤隆二の見解との対照をする。更には、糸賀一雄と伊藤隆二の見解を比較し、「この子らを世の光に」（糸賀）と「この子らは世の光なり」（伊藤）の教育思想について検討を行う。

　「施設関係者の集まり」である「日本精神薄弱者愛護協会」（1934年設立）は、1999年の「精神薄弱の用語の整理のための関係法律の一部を改正する法律（平成10年［1998年］9月28日法律第110号）」（岩井1999）により改称され「日本知的障害者福祉協会」となった。この「日本知的障害者福祉協会」

の現在の HP（公益財団法人日本知的障害者福祉協会 2017）や愛護協会 45 年史編さん委員会（1980）を利用し、この団体の概略を以下に紹介する。

公益財団法人　日本知的障害者福祉協会

協会について
　本協会は、昭和 9 年［1934 年──引用者、以下同じ］10 月 22 日に設立され、昭和 42 年［1967 年］8 月 8 日には財団法人の認可を受け、平成 25 年［2013 年］4 月 1 日に公益財団法人へ移行しました。

本協会の目的と活動
　本協会は、知的障害のある方の自立と社会・経済活動への参加を促進するため、知的障害のある方の支援及び福祉の増進を図(はか)ることを目的としています。

本協会の主な事業は下記のとおりです。
・知的障害に関する調査研究を行い、その結果を報告する。
・知的障害関係施設・事業所における支援並(なら)びに運営の充実に関する指導を行う。
・知的障害福祉の啓発普及を目的とした研修会等を開催する。
・社会福祉士及び介護福祉士法に基づき、養成所を運営し専門的な知識・技術並びに確固たる倫理観を有する社会福祉士を養成する。また、施設・事業所職員の資質の向上を図るため、養成研修を行う。
・知的障害福祉に係(かか)る専門図書の刊行及(およ)び研究誌を発行し、広く国民に対して知的障害福祉の啓発普及を行う。
・関係機関並びに関係団体と連携し、知的障害福祉の向上に寄与する。
・地震・台風等の自然災害により被災した知的障害者、その家族並びに知的障害者が利用する施設・事業所へ必要な支援を行う。
・全国の知的障害関係施設・事業所の職員を対象とした相互扶助事業及び知的障害関係施設・事業所を対象とした保険事業を実施することにより、知的障害関係施設・事業所の経営の安定に貢献する。
・知的障害福祉に顕著な業績を残した者を表彰する。

対外活動
　知的障害のある方の福祉に関する国の予算の増額、また、各種制度の充実・発

展と国の施策推進のため、関係団体と協力しながら、政府・行政機関への働きかけなどを行っています。

また、知的障害のある方の福祉に関する事柄（ことがら）について、行政機関または関係団体と情報交換、意見交換を行っています。

広報活動

知的障害のある方の福祉についての情報や本協会の活動を機関紙「愛護ニュース」やメールマガジン「協会だより」（会員のみ）を通じて、関係者などに提供しています。また、全国の小・中学生を対象とした作文コンクール事業などを通して、市民に対して知的障害のある方の福祉への理解と協力を求めています。

本協会の組織と運営

本協会は、全国にある知的障害関係施設・事業所を会員とする組織です。（平成29年［2017年］4月現在6,200会員）

本協会の運営は、会員の中から選出された役員（理事16名・監事3名）によって行われています。また、本協会は、各地区、都道府県にある協会の協力のもと運営しています。

本協会の組織と運営
部会・委員会

本協会では、様々な活動を行うために、施設・事業所の種類ごとに、または活動の分野ごとに、部会・委員会を設けています。

倫理綱領　　公益財団法人　日本知的障害者福祉協会
前文

知的障害のある人たちが、人間としての尊厳が守られ、豊かな人生を自己実現できるように支援することが、私たちの責務です。そのため、私たちは支援者のひとりとして、確固たる倫理観をもって、その専門的役割を自覚し、自らの使命を果たさなければなりません。

ここに倫理綱領を定め、私たちの規範とします。

1. 生命の尊厳

私たちは、知的障害のある人たちの一人ひとりを、かけがえのない存在として大切にします。

2. 個人の尊厳
　私たちは、知的障害のある人たちの、ひとりの人間としての個性、主体性、可能性を尊（たっと）びます。
3. 人権の擁護
　私たちは、知的障害のある人たちに対する、いかなる差別、虐待、人権侵害も許さず、人としての権利を擁護します。
4. 社会への参加
　私たちは、知的障害のある人たちが、年齢、障害の状態などにかかわりなく、社会を構成する一員としての市民生活が送れるよう支援します。
5. 専門的な支援
　私たちは、自らの専門的役割と使命を自覚し、絶えず研鑽を重ね、知的障害のある人たちの一人ひとりが豊かな生活を実感し、充実した人生が送れるよう支援し続けます。　〔以上、公益財団法人日本知的障害者福祉協会 2017 より〕

　今回の検討対象は『AIGO』1992年5月号から7月号であるが、『AIGO』は元々、漢字で『愛護』（1954年発刊）という名称であった。『AIGO』になったのは、検討対象の5月号から7月号が発刊される直前の1992年4月である。その後、2002年4月には再び『さぽーと』と改称され、現在に至っている。これらの経緯の背景には明らかに「精神薄弱」用語問題がある。それも視野に入れながら、本章の検討・考察を行っていきたい。

## 1.『AIGO』（日本精神薄弱者愛護協会）1992年第39巻第5号での議論

　本節では、『AIGO』（日本精神薄弱者愛護協会）1992年第39巻第5号での議論を検討・考察する。第5号＝5月号の特集は「再考 "精神薄弱" の呼称と人権Ⅰ ― 国内の動向 ―」であったが、まず「問題提起」が集約的にまとめられている「巻頭言」を引用し、伊藤隆二の見解との対照を試みる。

（1）「巻頭言」：〔5月の特集〕再考 "精神薄弱"の呼称と人権 I
　　　　　　　　　　　　— 国内の動向 —

　近年［この研究誌は1992年5月の発行——引用者、以下同じ］、「精神薄弱」の呼称をめぐって様々な議論が沸き起こってきた。しかも、それらの動向は、単に「ことば」の問題として独り歩きしているわけではなく、近年のノーマライゼーションの思潮の高まりとともに障害をもつ人びとの人権の擁護や確立との関わりで検討されていることが特徴的である。

　これまでも用語をめぐる議論はしばしば話題となり、しかも多くの人が「精神薄弱」の呼称が科学的にも倫理的にも適切でないと指摘しながら、他の言葉に置き換える結論を得るには至らなかった。

　その際、時には「適切な用語が見つからないから」あるいは「頻繁に変えるわけにはいかないから慎重に」という議論が繰り返され、結果的に「結局、どう呼ぶかということよりも、どのような処遇を提供するかが問題だ」と言われ続けて結論が先送りにされてきた。

　しかし、適切な用語を見つけ出すことは専門家としての責任である。それは専門家と呼ばれるための必須条件ともいうべき科学性と倫理性の表明でもあるからだ。さらに、「どう呼ぶかよりも……」という議論に至っては「専門家」の傲慢さえうかがえる。「精薄」と呼び捨てながらどのように相手を尊重した処遇が行えるというのだろうか。

　我が愛護協会［「施設関係者の集まり＝「日本精神薄弱者愛護協会」］でも、調査研究委員会での基礎的な検討を終え「用語問題検討委員会」を設けて「精神薄弱」の呼称について結論を得るために見直しを行うようになった。同じように関係の団体［「研究者の集まり＝日本精神薄弱研究協会」「教育関係者の集まり＝全日本特殊教育研究連盟」「親たちの会＝全日本精神薄弱者育成会」］においても、それぞれの立場から様々に議論が行われているという。それは、障害をもつ人たちにどのようなスタンスで臨むかという最も基本的なことを示すことになるからであろう。現在の議論は、単に言葉の問題ではなく、障害をもつ人びととその問題をどのように受け止めるかという思想性が問われているのである。「福祉の転機」といわれる今日、その重要なキーワードである「人権」をどのように捉えるかが課題となっているのである。

　そこで、5月号においては、それぞれの立場における議論の現況と到達点を明らかにしつつ、障害をもつ人びとの人権の確立のためにはどのように呼称問題を

解決していくべきかを検討する。　　　　　　　〔『AIGO』編集委員会 1992a〕

なお、5月号の特集に収められた論文は次の5点である。
1. 汐見稔幸：ことばと態度―コミュニケーション論の立場から―
2. 田ヶ谷雅夫：「精神薄弱」の呼称と施設の暮らし
3. 藤江もと子：共に生き、共に暮らす隣人として
4. 真保真人：精神薄弱の呼称を改める意味
5. 金子 健：「精神薄弱」の歴史と、これから

## （2） 伊藤隆二の見解との対照

　上の「巻頭言」で大切な点は、「精神薄弱」用語問題の議論は続いていたのに、具体的に新しい呼称に置き換える結論には至っていなかったことである。その呼称の置き換えの一つを提案したのが伊藤隆二の論文（伊藤1990a）であり、「障害児」を廃し、「啓発児」と呼ぼう、と主張されたのである。その伊藤の提案が契機となり他の人々によっても新しい用語の提案が徐々に始められ、1992年に一つの興隆を見た。このことについて松友了によって次のように報告されている。

　　　［松友了の発言 ―― 引用者、以下同じ］　もう一つ、従来と違うのは、具体的な提案がなされるようになったということです。今日は都合でいらっしゃっていないけど、伊藤隆二さんの役割は大きかった。あの人の提案については私［松友］は批判的ですが、具体的にこういう表現をしようと提案したことは評価したい。
　　　多くの人は、問題を分析したり、人の提案を批判したりするけども、こう変えたらいいんだという提案をしなかった。伊藤さんがとんでもないロマンチックな提案［「この子ら」を「啓発児」と呼ぼうという提案］をされたので、あんな用語になったら困るということで、みんな自分の提案を始めたように思います。
　　　　　　　　　　　　　　　　　　　〔清水・関・田ケ谷・松友・山口・小出 1992、p.26〕

　なお、以上の松友の発言は、前後の文脈から考えれば、伊藤隆二への単なる「批判」ではなく、伊藤の提案（「障害児」を廃して「この子ら」を「啓発児」

と呼ぼうという提案）により「精神薄弱」用語問題の議論が活発になったとの肯定的意味合いの発言である。

## 2.『AIGO』（日本精神薄弱者愛護協会）1992年第39巻第6号での議論

　本節では、『AIGO』（日本精神薄弱者愛護協会）1992年第39巻第6号での議論を検討・考察する。第6号＝6月号の特集は「再考"精神薄弱"の呼称と人権Ⅱ ― 海外の動向 ―」であったが、まず「問題提起」が集約的にまとめられている「巻頭言」を引用し、伊藤隆二の見解との対照を試みる。

### （1）「巻頭言」：〔6月の特集〕再考"精神薄弱"の呼称と人権Ⅱ
　　　　　　　― 海外の動向 ―

　　いま人類は今日（こんにち）までかかって辿（たど）り得た叡智（えいち）の総決算として、「ノーマライゼーション」「ヒューマナイゼーション」という理念に基づいた人間観を獲得しつつある。そしてその理念は、世にあって弱者としての存在を余儀（よぎ）なくされていた障害者にこそもっとも象徴的、集約的に具体化されようとしている。すなわち、それは「普通の生活」を「自分らしく」、「地域社会」の中で営むことを、人としてのもっとも基本的な権利として保障しようとするものである。我が国においてもその方向での具体的な施策が着実な成果をもたらしつつある。しかしいまあらためて障害児者のあり方を人権の視点からながめたとき、彼らをして「精神薄弱」という呼称はあまりに問題が重大すぎると思われる。
　　すなわち、
　　①当事者からそうした呼称はやめてほしいと訴えられている。
　　②いままでの経緯の中で今日（こんにち）では差別語、侮蔑（ぶべつ）語になっている。
　　③「精神は薄く弱い」という言い方は実態を表現してはいない。
　　④人間の発達の可能性を否定している。
　　⑤障害を連続量的な資質面からの個性として捉（とら）えようとする今日的傾向の中で、あまりに固定的、差別的な概念になっていてズレが顕著である。
　　このような認識に基づいてこの号では、ただ単にこの問題をネーミングの問題としてだけではなく、われわれが彼らの生活や生きざま、さらにはニーズに基づ

いたサービスのあり方、内容について再考する機会と捉えてみることにする。
　とりわけこの号では歴史的、文化的背景や、政治的、経済的な体制や事情の異なるアジア近隣諸国やアメリカ、ヨーロッパにおいてこの問題がどのように捉えられ考えられ、どのような議論や具体的行動が展開されているかを現地の方を中心に報告していただいた。　　　　　　　〔『AIGO』編集委員会 1992b〕

なお、6月号の特集に収められた論文は次の5点である。
1. 冨安 S. ステファニー：アメリカで、彼らをどう呼んでいるか？ 彼らの名前を使っている‼
2. 宮本恵淑：韓国の特殊教育の現状と精神薄弱の呼称と人権
3. 李淑信：台湾における「人権」の歴史と障害者問題
4. A.A.J. Millenaar：What's in the name?
5. 山下勝弘：呼称・用語と障害の自己認知 ― 北欧各国のこれまでの経過と現状 ―

### （2）伊藤隆二の見解との対照

　上の「巻頭言」には「発達の可能性」という言葉があるが、「用語問題」を考えていく際には、その提唱する人の「発達観」を抜きには議論できない。「用語問題」の議論の一つの契機となった伊藤隆二の提案、「障害児」を廃し、「啓発児」と呼ぼう、には次のような伊藤隆二の明確な「発達観」がある。

　伊藤隆二の発達に関する見解は、あくまでも個人の発達に焦点が当てられており、その個人の成長の過程を「他者とかかわり自己を発見していく」自己変革の過程と捉え、自らのかけがえのない一回限りの生を意義深く自分なりに「生ききること」こそ、発達という概念の中核である、とまとめられる。

　AさんはAさんなりに、BさんはBさんなりに、ありのままにそのままに自分として生きていくことが「発達」であり、発達を数値化して「AさんはBさんより発達している、能力が高い、進歩している」などと比較して論じるのは無意味であり、有害ですらある。

　それは他者とかかわり自己を発見していく自己変革の過程を阻害するからである。このことを伊藤（1997）では、人間はいかなる人も「一人ひとりか

けがえのない、独自的な存在であり、それはその一人ひとりの人生目標や生きる意味を有している」「そしてその一人ひとりは自分なりに生存（生きること）と人生の完成（人間としての成熟）へ向かって努力しているところにこそ価値がある」(p.141)と言い切り、伊藤は、その「努力の過程」を発達とみたいと結んでいる。

このような考えに至る背景には、伊藤の50年以上にわたる「この子ら」「この人ら」に関する臨床・教育・研究の結果、確信された「回帰性発達観」がある（伊藤1992a・伊藤1992b)。「完態」という言葉を使って表現すれば、「回帰性発達観」では、ある子ども（ある人）の誕生からこれまでの人生は、どの瞬間をとっても「完態」であったのであり、今後の人生も死に至るまで「完態」であり続けると考える。

この場合の完態とは、その人なりの自己変革への「最善の努力」を指す。したがって例えば子どもは大人時代への準備のために生きているのではない。つまり、その人の「今、ここでの人生」は、次のステップとして存在しているのではなく、人生の過程にあって人間は、その時その時に自らのかけがえのない生を全うしているのである。

大乗仏教の「唯識」では「圓成實性」や「刻刻圓成」と言う。「圓成實性」とは「全部が一であるという世界をまどやかに完成した真実の性質」（岡野1999, p.195）を言い、その場合の「圓成」とは「もとより完成されているもの」「円満に成就すること」を指す。したがって「刻刻圓成」で「人間はどのような人も、もとより誕生から完成している。そして、その後、死に至るまでも含めて、人生のいかなる発達段階においても完成している」ことを言う。このことからも、人生のどの段階においてもその人として精いっぱい生ききることの重要性が示唆される。

また「回帰性発達観」の「回帰」とは「その根に復帰する」という『老子』第十六章の一節から来ている。それは「万物並作、吾以観復、夫物芸芸、各復帰其根、帰根曰静、是謂復命（あらゆる生物はどれもこれも盛んにのびる。わたくしは、それらがどこへかえってゆくのかをゆっくりながめる。あらゆる生物はいかに茂り栄えても、それらがはえた根もとにもどってしまうのだ。根も

とにもどること、それが静寂とよばれ、運命に従うことといわれる）」（小川環樹訳注 1997、pp.43-44）というものである。これを引用し、伊藤（1992a、p.122）では「人も生まれてから、その人なりの人生を一刻一刻とすごし、そして死ぬことで『その根に復帰する』」と述べている。これを「回帰」と呼んでいるわけである。人間は誕生から死に至るまでの自らの人生過程において、その時その時を精いっぱいの自己変革の努力を行なっているのであり、「その根に復帰する＝死」の瞬間まで自らの人生を生ききることが重要だと伊藤は主張しているのである。

## 3.『AIGO』（日本精神薄弱者愛護協会）1992年第39巻第7号での議論

本節では、『AIGO』（日本精神薄弱者愛護協会）1992年第39巻第7号での議論を検討・考察する。第7号＝7月号の特集は「再考 "精神薄弱" の呼称と人権Ⅲ ― それぞれの施設で ―」であったが、まず「問題提起」が集約的にまとめられている「巻頭言」を引用し、伊藤隆二の見解との対照を試みる。

### （1）「巻頭言」：〔7月の特集〕再考 "精神薄弱" の呼称と人権Ⅲ
　　　　― それぞれの施設で ―

　　従来なおざりにされやすかった障害をもつ人たちの "人権" が、昨今やっと見直されつつあるということは、ことに自己主張を表明することの困難な知的障害をもつ人びとにとって、喜ばしいことであり、そうした流れは施設処遇においても十分配慮されなければなりません。
　　そこで、今月の特集では、利用者に対する職員の接し方（ことばや態度などに表される）や、日常の暮らしのしくみを通し、"人権" について考えてみることにしました。
　　実際に、われわれ自身の態度チェックをしてみますと、まず名前の呼び捨てに始まる差別的態度が意識するしないにかかわらず存在することに気づきます。また集団の制約によって行動の自由を奪われがちなこの人たちの日常を仕方ないこととして、時には管理上の必要として受けとめ、さらにそうした事態に耐えきれず引き起こす自己主張を「問題行動」として処理するという繰り返しが、日常的

に行われやすいというのが現状といえましょう。

　もちろん「問題」と考えられる行動の原因は多様であり、その責を職員のみに押し付けることはできませんが、かなりの部分で職員の"人権"に対する配慮の中から改善されると考えられます。

　そうした意味で、今月のご報告、ご意見は、いずれの実践も、「自分のリズムで生きる自由の保障」(近江学園・井上氏)を軸に、この人たちの人権を見据えて取り組んでおられるものばかりであります。

　なかでも、人間観をきちんと捉え、論理的に「人権への手がかりを模索するために」を記されたおしまコロニーの石堂氏のレポート、そこに自らに厳しく、利用者の立場を思いやる暖かな視点から生まれた取り組みに、施設職員としての大きな意識の変革を見ることができます。

　この特集が、日常のかかわりの中で生かされ、さらにこの人たちの"人権"への思いが高められることを期待します。　　〔『AIGO』編集委員会 1992c〕

なお、7月号の特集に収められた論文は次の5点である。
1. 石堂正宏：人権への手がかりを模索するために
2. 西尾紀子・青山奈緒美・小林信篤：自閉症施設における人権保障の考え方
3. 小林将己：日頃のつきあいの中で
4. 井上正隆：「自分のリズムで生きる自由」のある暮らしをめざして
5. 箱崎孝二：施設と人権 ― ケアパターンとコミュニケーション行動の変容という視点から ―

## (2) 伊藤隆二の見解との対照

　上の「巻頭言」の中には「人権」「利用者に対する職員の接し方」「自分のリズムで生きる自由の保障」といった文言が見えるが、この基礎には、障害のあるなしや性別・国籍・人種・貧富の差などを越え、人間存在をどう見るのか、すなわち「人間観」があり、それを明確に示す必要がある。伊藤隆二の場合は次のような契機があり明確な人間観(「人間はホリスティックな存在である」)が確立されている。

ここでは、伊藤の著書・論文・講演会記録（伊藤1985、伊藤1990b、伊藤1995、伊藤1996、伊藤1998、伊藤2000）から、伊藤の半生を概観する形で、「障害児」を廃し、「啓発児」と呼ぼう、という提唱が生まれる契機となった「伊藤の人間観の転換」を中心に検討を試みたい。

伊藤 隆二は、1934年、伊藤家の第四子（兄二人、姉一人）として、秋田県で誕生した。出生時の体重は、1500グラムの未熟児で、正常な成長は望めない、と両親をはじめ周囲の者は思った。確かに歩き出したのも、二歳に近かった。

しかし、病弱の身で普通に生活するだけでも大変な中で、また物質的には決して豊かな生活を送ったわけではないが、伊藤は「少年時代を心豊かに生きられた」と言う。「生きることはそれ自体人様に迷惑をかけていることだ。だからすすんで恩返しをしなければいけない」と言う父、「おまえは将来、不幸な人の味方になる道を歩みなさい」と言う母、補い合い、扶け合い、仲がよかった姉や兄たち。そのような人たちに囲まれ、伊藤少年はマイペースで自己創造し続けることができたのである。

その一方で、伊藤が小学生の時代は、ほぼ太平洋戦争と重なり、当時の軍国主義の教育下では、虚弱児であった伊藤少年は、体育はいつも見学で、陰で「非国民」と噂されていた。そのような時、「低脳児」と呼ばれていた級友と二人で、砂場で遊んでいると、その級友が、砂場のアリを見つけては、つまんで砂場の外に出してやっていた。このことを見て伊藤少年は、彼に親近感を覚え、「ああ同じ仲間なんだなあ」と思ったと同時に、彼の心の中にアリを歩きやすいところに移してあげる「優しさ」がしっかり根づいていたことに気がついた。

紆余曲折はあったが、やがて伊藤は青年になり、平和や幸福の意味を探究するために東京大学に入学するのだが、後に「教育心理学」を専攻するようになる。これには子ども時代に母から言われた「おまえは将来、不幸な人の味方になる道を歩みなさい」という願いが伊藤青年の心に残っていたことが関係している。そして伊藤が教育心理学を専攻した直接的な理由は、乳児が成人に至る、いわゆる「人間形成」のメカニズムを知りたいという動機によってい

た。
　そのことを指導教授の三木安正の命により、脳髄に受けた損傷によって生涯にわたって特別の配慮を求めている児童（伊藤は「この子ら」と呼ぶ）の勉強から伊藤青年は始めた。それは1956年、伊藤が21歳の時であり、場所は「旭出学園」という、三木安正が私財を投じて創設した三十人ほどの知力にハンディキャップを負っている子どもたちが学んでいる私立の学校であった。そこでの勉強で伊藤は三木安正から言われた「子どもから学べ。頭を高くするな」という言葉の意味を体験を通して知ることになった。
　しかし、上述のように「子ども」を知りたいと願っていた伊藤だったが、当時の大学の教科書によって、「子ども」というものは年齢（生活年齢）が同じであれば皆、同じものの見方や考え方をし、かつ同じペースで同じ方向に向かっているのだ、と思い込まされていたので、脳髄に損傷を受けたこの子らは「特別な子ども」なのだと、早合点していた。事実、当時「特殊児童」「異常児」「特異児」といった用語が使われていた。このような字面から受け取る印象は強烈で、伊藤は「この子ら」がいつしか、「障害児」と呼ばれるようになった時、「この子ら」は「他の子どもたち、さらにはこの社会にとって差し障り、害をもたらす存在」と受け取られる危惧の念を抱いた。そこで、そうした「特殊児童」を研究するのは、その「特殊性」を削除し、「正常な状態」に近づける教育方法を開発するためだと、簡単に考えていた。
　その当時、「この子ら」が言語や思考の面で、あるいは社会性や人格の面で、「正常な子ども」と比べて、いかに劣るかを検査や実験によって証明することが研究の主流を成していたので、伊藤も、この比較研究を手がけていった。その際、「正常な子ども」は、年齢が同じであれば皆、同じだと思い込んでいたので、それらを十把一絡げにすることに違和感はなかった。
　一方、「この子ら」については「年齢が同じであれば皆、同じ」というわけにはいかなかったので、知能検査によって算出された「知能年齢」（Mental Age：MA）が同じであれば、皆同じものの見方をし、かつ同じペースで同じ方向に向かって発達していく、と仮定し、MAの同じ「正常な子ども」と比較する、といったデザインをつくって研究していた。

伊藤は、研究を始めてから8年後（1964年）に、成果を一冊の著書として上梓したが、それは「この子ら」が「正常な子ども」に比べて、言語、思考、社会性、人格の面で、いかに劣るかを、細かく紹介したものであった。伊藤は、その頃、三木安正の元から離れて、関西に移ると共に、「この子ら」の「特殊性」の根拠である「脳髄の損傷」と、そのメカニズムを深く知りたいと願うようになり、主として京都大学医学部で、脳病理学（今日の神経心理学または生理心理学）の専門家として活躍していた大橋博司助教授（後に教授）の指導を受けながら、脳機能と知力の関係性を探る研究に取り組んだ。

　その時の出来事で、後に述懐するような伊藤の胸を鋭く刺した体験があった（伊藤1998、p.110）。それは京都大学付属病院の検査室で、伊藤が一人の脳腫瘍患者（中年の男性）を被験者として、刺激や情報を与え続けていた時だった。一段落したので、伊藤が「しばらく休憩しましょう」と伝えた時、その男性が目に涙を浮かべ、低い声で、あえぎあえぎ、次のように言ったのである。「わたしは、このようにされるのが、苦しくてたまらんのです。わたしは何もかも調べられ、試されるのが嫌なのです。嫌で嫌でたまらんのです。わたしは材料ではないのです。ものではないのです。でも、入院しているのだから、しかたないですね。どうぞわたしを利用してください」。

　この後、京都大学医学部での神経心理学的研究の成果の一部をまとめた博士論文が東京大学で受理された（1971年）上に、伊藤は「第18回日本総合医学賞」を授与されたのだが、その同じ頃（1971年頃）、伊藤が後に、それが自分の人間観を転換へと向かわせたと言わしめる出来事があった（伊藤1990b）。

　その出来事とは、イチロー君と呼ばれる6歳で、言葉のない、表情の乏しい子どもに絵を描かせた時のことだった。イチロー君は麻痺している右手にクレヨンを握って、画用紙の中央に黄色い丸を三つ、その横に赤い丸を二つ、そしてその横に紫色の丸を一つ、小さく描いた。その後、伊藤が少し目を離している内に、その絵は黒く塗りつぶされていた。伊藤は、彼の知的水準を描画行動から判断しようとしていたために、彼の描いた絵はただ「下手だ」と思った。また、正常より、二、三年は遅れていると見当を付けていた。

　しかし、その絵を見て微笑みながら、わが子に「ありがとう」と言う母親

の次のような説明を聞いて伊藤は愕然とする。それは「黄色い丸はバナナであり、赤い丸はりんご、そして紫色の丸はぶどうなのです。それは皆、この子の好物なのです。きのう、私が市場で買ってきたのです。子どもと一緒でした。ところで、私の買いものカゴは黒いのです。ですから、外からはカゴの中は見えないのですが、イチローは、私がバナナとりんごとぶどうを買ったことをよく覚えていて、それを画用紙に描いたのです。最後に黒いクレヨンで全体をぬりつぶしたのは、そのカゴを描いたつもりなんです。この子は、自分の好きなものを買ってくれた私に、感謝しているんです。ですから私は、イチローちゃん、ありがとうと、自然にお礼のことばが出たのです......」（伊藤 1990b、pp.101-102）というものであった。

その時までの伊藤の関心は、子どもの表出行動をすべて能力として捉え、何がどの程度にできるか、できないかを判断して、発達のレベルを決めることにあった。当然、それは脳の発達のレベルと照合されるものであった。そのために人間を、刺激を受けて反応するような「刺激―反応系」として捉えることに専念していた。しかし、そこには大きな陥穽があった。人間は意味の世界をつくりあげ、時々刻々と表現していることを無視していたのであった。

また、次のような体験が、後述する伊藤の留学前、伊藤が40歳代初め頃、1970年代の半ば頃にあった。この頃、伊藤は本業の実験研究よりも「教育相談」の方に割く時間が増えていた。そのような時、「なぜこの子は知恵が遅れているのでしょうか」という質問をしつこく繰り返す子ども連れの母親が伊藤の研究室を訪れた。後の会議の時間も気になり、伊藤は何度も診断書どおりの原因だと言っても同じ質問を繰り返す、この母親に少々苛立ちながら、荒々しい声で「だから妊娠中毒症ですよ。......」と再び母親に言う。母親は、その言葉を遮るように、一礼して研究室を後にした。その姿を見て伊藤は、ほっとして、それを見送ったのだが、弱々しく子どもの手を引きながら、肩を落として、とぼとぼと、廊下を歩いている親子の姿を見て、伊藤は衝撃を受け、自分の全身が何か、とてつもなく大きな力で打たれたようになった。この母親が言っていたのは、「他の家庭の誰でもなく、なぜわが子が、なぜ知恵遅れなのか」ということであり、その「なぜ」には誰も答えることはできないが、その

ような「問い」に真摯に向き合い、そのことばを聴き、一緒に苦悩を分ち合い、共に泣く人になることが、この時求められていたのだと、伊藤は後に述懐している（伊藤 1998、pp.92-96）。

しかし、以上の三つの出来事は後に述懐しているのであって、この時期、伊藤は自分の人間観・研究方法の転換に迫られていることをはっきりとは気づいていなかった。しかし、次の体験から、それがはっきりと自覚されてくるようになった。それは日本での研究成果を提げて米国で開催された第1回国際神経心理学会で報告し、認められたことから始まる。そのことが契機となって、やがて伊藤は、"UCLA"（University of California, Los Angeles：カリフォルニア州立大学ロスアンゼルス校）医学部付属"精神神経学研究所"（Neuro Psychiatric Institute）に留学し、世界各国から研究のために集まってきた同学の仲間を得ると共に、共同研究の生活に入っていった（1977-1979年）。しかし、そこでの基礎研究が伊藤が所期に願っていた「この子ら」を「正常な状態」に近づけるための教育方法の開発に導いていくことは不可能だと知った。なぜならば損傷を受け破壊した神経細胞の再生不能性は研究が進むにつれて、一層明確になっていったからである。

伊藤は神経心理学者になるつもりはなかった。あくまでも教育心理学者であり続けたかった。博士論文をまとめ、留学生活に入るまでの間に、伊藤は比較研究のために必要不可欠な「正常な発達基準」について再検討していたのであるが、「正常な子ども」という時の「正常」は現実にはありえない、つまりは幻想であることに気づきはじめていた。つまり、年齢（生活年齢）の同じ子どもたちが、ものの見方や考え方の上で、また発達のペースや、その方向性の上でも、一人一人が違うのであって、そこにこそ「人間の尊厳性」が存する、ということであった。教育は、すべての人間の尊厳性を樹立する営みであり、心理学の視点から、それを支援する役割を担うことが教育心理学者としての自分（伊藤）の使命である、と思うようになっていた。また神経心理学的研究に取り組むことで、「この子ら」を「正常な状態」に近づけるための教育が無意味であることが明確になったことは僥倖であった、と伊藤は後に述懐している。

帰国後（1979年以降）、伊藤は、教育心理学の研究テーマは「人間の本質とは何か」にある、と悟り、そこから一人一人の生きる意味や自己創造への志向性を深める教育のあり方や進め方を探る道が拓ける、と考えるようになった。ここに「障害児」を廃し、「啓発児」と呼ぼう、ということの提唱者である伊藤隆二の人間観の転換・研究方向の転換が明確化していったのである。

　その後の40年あまりにわたる「この子ら」「この人ら」から学ぶことを基本とする教育心理学の実践・研究を通じて、伊藤隆二の人間観は、次のように熟成された。すなわち「人間の特質を掲げるならば、それは主体的存在、独自的存在、創造的存在、歴史的存在、社会的存在、超越的存在、意味的存在であり、それらを統合した全体的存在［ホリスティックな存在：holistic existence――引用者、以下同じ］である」（伊藤1996、p.127）ということである。

## 4．糸賀一雄「この子らを世の光に」再考
### ― 伊藤隆二との対照において ―

（1）「この子ら」と共に生きる「ある親」の思い ― 自然体で生きる ―

　藤江もと子（1992）は、その論文「共に生き、共に暮らす隣人として」の中で「親の思い」を次のように述べている。

「精神薄弱」という用語について
　「精神薄弱」は親の間で非常に評判の悪い用語です。その人の「精神」を他者が簡単に評価してしまうこの言葉の不快さ、私［藤江――引用者、以下同じ］は自分から使ったことはありません（名称などで止むを得ぬ場合を除いて）。
　しかし、どう言い替えても、「ああ、あの人たちのことね」と思い出すもののイメージが悪ければ、言葉はすぐに汚れていくでしょう。言い替えに内容の改善が伴っていなければ何にもなりません。
　この文を書くにあたっても、「障害児」「知恵遅れ」といろいろ使ってみましたが、どれも満足のいく表現ではありません。しかし彼らのことを語る時、何か言葉が必要なので、「精神薄弱」よりマシなものであれば、まあいいかといった感じで使っています。とにかくこれらの言葉が背後に持つ暗いイメージの方を、早くなんとか払拭したいものです。ただかわいそうと同情してもらっている間は、

このイメージはついてまわるでしょう。そのためにも、彼らが自然体で「なんでもない人」として生きられる社会が待ち望まれます。
　我が子といえども真に理解するのは無理であっても、これからも、親はやっぱり一番身近な代弁者として発言して行かねばなりません。なんで自分だけこんな子がと始めは恨めしく思った我が子に、逆に育てられ、彼らの人間としての素晴らしさに目覚めた親たちのエネルギーが、どれだけたくさんのものを獲得してきたか、先輩の方々の活動の歴史に私は感動します。
　母は強し、障害児の母はもっと強し、とおだててくださる方がありますが、私はそんなに強くはありません。しかし、今はやっぱり頑張って行かねばならぬようです。親も子も肩の力を抜いてゆったりと生きてゆける社会を目指して。

〔藤江 1992、p.24〕

　藤江さんは、上の文章で「わが子」と「その親」が「何でもない人」として「自然体で生きる」ことができる社会を望むと言われている。また用語だけの問題だけでなく、それが背後に持つ「暗いイメージ」を払拭したいとも言われている。それ以上に「この子ら」から親は「逆に育てられている」とも述べている。この藤江さんのような「この子ら」と、その親の思いを真正面から受け止め、「この子ら」と共に生きた人があった。糸賀一雄である。

## （2）糸賀一雄の最期

　冨永健太郎（2009）は、『AIGO』（日本精神薄弱者愛護協会）からの改称会誌『さぽーと』（日本知的障害者福祉協会）で次のように「糸賀一雄の最期」を紹介している。

　1968（昭和43）年9月17日、滋賀県児童福祉施設新任職員研修会において、糸賀一雄は、「施設における人間関係」と題する講義を行った。
　「人と生まれて人間となる。その人間というのは、人と人の間と書くんです。単なる人、個体ではありません。それは社会的存在であるということを意味している。関係的存在であるということを意味している。人間関係こそが人間の存在の根拠なんだということ、間柄も持っているということに人間の存在の理由があるんだということ、こういうことなんです」。
　人と人とが間柄をもつということは、共感の世界をともに生きるということで

ある。だが、人と人が互いに共感し合い、深い愛情で結ばれた関係をつくってゆくには年期がかかる。それでも、その相手を思う気持ちはだんだんと深まってゆくものである。その「愛情の育ち」が人間となってゆく道行きであるならば、それは必ず歩むに違いないその道なのだ、と糸賀は新任職員たちに向かって力強く訴えた。

　講義も終わりに近づき、それでは、愛の深まりを仏教ではどのように説いているかについて、「無財の七施」[優しい眼差し・にこやかな微笑・言葉の美しさ・勤労奉仕・感謝の心・席を譲ること・一宿一飯の施し——引用者、以下同じ]を例に挙げながら話をして、最後に「この子らを世の光に」と「この子らに世の光を」との違いについて話し始めたところで、突然、呂律が回らなくなり倒れ込んでしまった。

　糸賀は残された力を振り絞るかのようにして話し始めた。「もう少しだったのに、もう少しだからやりましょう。大丈夫、大丈夫、この子らを世の光に……」。別室に運ばれ、医師に注射を打ってもらうと意識が戻った。厚生省への陳情、さまざまな会合、講演、施設の建設等々。長年の労苦に糸賀の心身は蝕まれ、もう限界だった。そして、これが糸賀一雄最期の講義となった。翌、9月18日、糸賀は静かに息を引き取った。享年54歳。全力で駆け抜けた人生だった。

〔冨永 2009、pp.43-44〕

　糸賀一雄の人生は、正に「この子らを世の光に」という願いに貫かれた「高尚なる勇ましい生涯」であり、それは内村鑑三が、その著『後世への最大遺物』で最も重要な「後世への遺産」であると言っているものである。「この子らに世の光を」と言った所謂「慈善家」の視点は、あくまでも上から「施す者」である。その一方、糸賀の「この子らを世の光に」という願いは、「この子ら」の視点まで下りていき、「この子ら」と共に歩む「同行者」の視点である。ここに糸賀と伊藤の思想の共通点を見出す。伊藤も、その著書で糸賀を頻繁に引用していることからも、それは明白である。伊藤の「この子らは世の光なり」は、糸賀が、もう少し長生きしていれば当然主張した次段階の内容なのである。なお、上の糸賀の「最期の講義」の様子は糸賀（1968a）に収録されている。

## （3） 糸賀一雄の「この子ら」観＝人間観

　それでは糸賀一雄の「この子ら」観＝人間観は如何なるものであったろう。次に糸賀の発言を引用する。

> 　精神薄弱な人たちを、汚れを知らぬ天使だといってみたり、仏さまだといってみたり、あるいは天才だといってみたり、その性状や能力の一面をとり出して価値の顛倒を説いてみても、じつは始まらないことなのである。
> 　価値観が顛倒させられるような精神の世界の消息を、私たちも、ある時はわずかに味わうこともあり、また聞かされることでもある。しかし、私たちの人間の見方がかわったからといってこのひとたちの価値がうまれてくるのではない。天使と見ようが、仏さまと見ようが、天才と見ようが、それは見るひとの勝手である。このひとたちが、じつは私たちと少しもかわらない存在であって、その生命の尊厳と自由な自己実現を願っており、うまれてきた生き甲斐を求めていることを友愛的に共感して、それが本当に社会の常識となることへの道行が「福祉」の内容となるのである。　　　　　　　　　　　〔糸賀 1968b、pp.63-64〕

　上の糸賀一雄の発言は、「この子ら」を「啓発児」と呼ぶ伊藤隆二と真逆の考えにも一見、感じられる。しかし、その文意を注意深く追って行けば「人間は、どのような人も絶対的に価値がある」という両者の根本姿勢が浮かび上がる。糸賀は、黎明期にあって「福祉」を推し進めるには、まず「社会」の側の意識が変わらなければならないという前提で発言している。そして伊藤は、それを引き継ぐ形で、その「社会」の一人一人に語りかけている。更に言えることは両者ともに「実践者」として自ら率先垂範、行動を起こしているのである。糸賀の継承者として伊藤は心の師の「猿まね」ではなく、自分なりの言葉（「この子らは世の光なり」＝「啓発児」）で表現しているのである。それを他人が聞くと、「ロマンチックな世迷いごと」に聴こえるのである。伊藤隆二教授の謦咳に接した者の一人である筆者は日頃の伊藤教授の穏やかな御人柄の半面、畏怖感さえ感じさせるような「言行一致」の生き方を見てきている。

## （4） 糸賀一雄「この子らを世の光に」

ところで、糸賀一雄が言う「この子らを世の光に」とは如何なる思想であろうか。以下に糸賀の文を引用し検討を試みる。

> 学園の正面玄関脇に、森大造先生の手になる、箒を手にしている母子像があって、散歩から帰ってくる子どもたちや、また遠来のお客様を第一番に迎えてくれるが、私〔糸賀——引用者、以下同じ〕はこの母子像に「世の光」と名づけた。「世の光」というのは聖書の言葉であるが、私はこの言葉のなかに、「精神薄弱といわれる人たちを世の光たらしめることが学園の仕事である。精神薄弱な人たち自身の真実な生き方が世の光となるのであって、それを助ける私たち自身や世の中の人々が、かえって人間の生命の真実に目ざめ救われていくのだ」という願いと思いをこめている。 〔糸賀1965、p.172〕

上の文章からは「この子ら」の真実な生き方が世の光となり、世の中の人々を照らし、その人たちは人間の生命の真実に目覚め、結果「この子ら」によって救われるのだ、という正に伊藤隆二が主張する「この子らは世の光なり」の思想、それゆえに「啓発児」と呼ぼうという考えと軌を一にしている。糸賀と伊藤では時代が若干異なる。表現が表面的に異なっているのは仕方がない。「読み手」が注意深くその深層の意味を汲み取って解釈していくしかないのである。

## （5）「この子ら」の発達保障

糸賀一雄は更に「この子ら」の「発達保障」という現代的には当然だが、1960年代においては「革命的な」提案を行っている。該当箇所を以下、引用する。

> 重症児は発達しないのか
> ——〔インタビューアー——引用者、以下同じ〕ふつう、社会の人びとのあたまのなかには、重症児というともう発達しないんだというように考えていることが多いと思いますが、その子どもたちの上に、この発達を保障するというのは、具体的にいいますとどういうことでしょうか。

糸賀　それはいまの「すべての」ということのなかで重症児も含まれるわけなんです。重症児だけが除外だというのは、われわれの重症児をみる目が障害をもっていることになるわけです。重症児だけを発達しないというようなみ方をするのは、そういうみ方自体が非常に重篤な障害をもっているわけですね。ですから、重症の問題を考えた場合、どんなに心身に障害をもっている子どもでも、ひまがかかっても精神的に発達していく、われわれがかって歩んできたみちゆきというものと同じみちゆきを歩んでいるんだということを知らされるわけなんですよ。やはりそれは子どもたちに対して正しいみ方、つまり障害のないみ方をしていくときに教えられるところの事実なんですね。だから重症心身障害児という、なにか外にあらわれている障害によってわれわれの目がくもらされてしまう、この子らだけは発達しないんだとか、あるいは、人間としての発達とはちがった発達なんだと決めてしまうということは、非常な偏見なんだと思いますね。

〔糸賀1966、pp.12-13〕

　以上の糸賀の見解は正に伊藤隆二の発達観と重なるものである。伊藤の発達観は「回帰性発達観」と呼ばれる。この発想の端緒にはキリスト教の聖書にある「塵に生まれ塵に還る」ということがある。これは人間の一生はつまらないものだと述べているのではない。どのような人もすべて「塵に生まれ塵に還る」存在である。遥かな超越者である「神」から見れば人間には上下優劣はないということである。更に伊藤では人間は、その生涯のすべての時期に「完態」であると考える。「ある人は非常に発達している。ある人は発達が遅い」といった発想もしない。どの人も自分のペースでその時その時を「生きがい」を持って精一杯生きていけばよいのだ、と考える。それを「保障する」世の中を、これからは共に創っていこうという1960年代の糸賀一雄の呼びかけなのである。したがって上の文中に「重度障害児は発達しないと見る人がいるが、その人の見方が重篤な障害である」と糸賀は皮肉にも感じられる発言をしているが、伊藤においても同様の発言を筆者は聞いたことがある。いずれにせよ糸賀一雄も伊藤隆二も凄まじいまでに「言行一致」の「行動者」であったのである。

## おわりに ― まとめに代えて ―

　本章では、1992年の日本精神薄弱者愛護協会（1992）『AIGO』第39巻第5号から第7号「再考"精神薄弱"の呼称と人権」【Ⅰ・Ⅱ・Ⅲ】を中心に検討を進めた。なお、第5号は〔5月の特集〕再考"精神薄弱"の呼称と人権Ⅰ ― 国内の動向 ―、第6号は〔6月の特集〕再考"精神薄弱"の呼称と人権Ⅱ ― 海外の動向 ―、第7号は〔7月の特集〕再考"精神薄弱"の呼称と人権Ⅲ ― それぞれの施設で ― であった。

　その際、それぞれの号の「巻頭言」を引用し、更に、それを伊藤隆二の見解と対照させることによって本研究の問題点を明確にした。すなわち「用語」は、それを提唱する人の「発達観」「人間観」が大きく反映され、そのことを欠く議論は単なる「名称変更」以外の何でもなくなる危険があるということである。

　最後に、まとめとして、糸賀一雄の「この子らを世の光に」の思想を「発達保障」という観点から論じた。糸賀の主張は伊藤の前段階を行くものに捉えがちだが、それは全くの誤りであり、伊藤の主張の本質は既に糸賀が提示した「思想」そのものである。ロマンチストを自称する伊藤であるが、糸賀も「実践的ロマンチスト」と言えよう。二人に共通するものは「この子ら」と共に生きるという「実践者」、もっと言うならば「この子ら」の視点まで下がり、考え・行動する「同行者（どうぎょうしゃ）」の姿勢といえるだろう。

**引用文献**

愛護協会45年史編さん委員会［編］（1980）『日本愛護年表 ― 創立45周年記念 ―』財団法人日本精神薄弱者愛護協会。

『AIGO』編集委員会（1992a）「〔5月の特集〕巻頭言」『AIGO』（日本精神薄弱者愛護協会）39（5）、p.8。

『AIGO』編集委員会（1992b）「〔6月の特集〕巻頭言」『AIGO』（日本精神薄弱者愛護協会）39（6）、p.8。

『AIGO』編集委員会（1992c）「〔7月の特集〕巻頭言」『AIGO』（日本精神薄弱者愛護協会）39

(7)、p.8。

藤江もと子（1992）「共に生き、共に暮らす隣人として」『AIGO』（日本精神薄弱者愛護協会）39（5）、pp.20-24。

箱崎孝二（1992）「施設と人権 ― ケアパターンとコミュニケーション行動の変容という視点から ―」『AIGO』（日本精神薄弱者愛護協会）39（7）、pp.32-37。

井上正隆（1992）「『自分のリズムで生きる自由』のある暮らしをめざして」『AIGO』（日本精神薄弱者愛護協会）39（7）、pp.25-30。

石堂正宏（1992）「人権への手がかりを模索するために」『AIGO』（日本精神薄弱者愛護協会）39（7）、pp.9-13。

糸賀一雄（1965）「この子らを世の光に」糸賀一雄著作集刊行会［編］（1982）『糸賀一雄著作集Ⅰ』日本放送出版協会、pp.13-172。

糸賀一雄（1966）「この子らを世の光に」『月刊福祉』（全国社会福祉協議会）50（1）、pp.12-23。

糸賀一雄（1968a）「愛と共感の教育 ― 最期の講義 ―」糸賀一雄（1972）『糸賀一雄講話集愛と共感の教育』【増補版】柏樹社、pp.9-55。

糸賀一雄（1968b）『福祉の思想』NHK出版。

伊藤隆二（1985）「この子らに学んで ― 私の思想と人生を語る ―」伊藤隆二［監修］・『月刊実践障害児教育』編集部［編］（1985）『手記私の中の障害児 ― 彼らが教えてくれたもの、そして私のやりがい ―』学習研究社、pp.199-226。

伊藤隆二（1990a）「『障害児』から『啓発児』へ ― 今まさに転回のとき ―」『誕生日ありがとう運動のしおり』増刊101号、pp.1-5 ［http://www.maroon.dti.ne.jp/okuguchi/yougo.htm に転載のものから引用］。

伊藤隆二（1990b）『なぜ「この子らは世の光なり」か ― 真実の人生を生きるために ―』樹心社。

伊藤隆二（1992a）『発達リズムと個性の発見 ―「その子らしさ」が伸びる条件 ―』朱鷺書房。

伊藤隆二（1992b）『こころの教育十四章』日本評論社。

伊藤隆二（1995）『この子らに詫びる ―「障害児」と呼ぶのはやめよう ―』樹心社。

伊藤隆二（1996）「教育心理学の思想と方法の視座 ―『人間の本質と教育』の心理学を求めて ―」『教育心理学年報』35、pp.127-136。

伊藤隆二（1997）「『発達と教育』の思想の研究 ― ホリスティック・パラダイムからの考察 ―」『創価大学教育学部論集』42、pp.137-153。

伊藤隆二（1998）『「こころの教育」とカウンセリング』大日本図書。

伊藤隆二（2000）「人間の本質と教育」『月刊パーセー』（パーセー実践哲学研究所）223、pp.3-27。

岩井美奈（1999）「精神薄弱の用語の整理のための関係法律の一部を改正する法律」『法令解説資料総覧』211、pp.61-65。

金子健（1992）「『精神薄弱』の歴史と、これから」『AIGO』（日本精神薄弱者愛護協会）39（5）、pp.31-35。

小林将己（1992）「日頃のつきあいの中で」『AIGO』（日本精神薄弱者愛護協会）39（7）、pp.20-24。

公益財団法人 日本知的障害者福祉協会（2017）「協会について」http://www.aigo.or.jp/menu07/

Millenaar, A.A.J.［岩崎正子訳］（1992）「What's in the name?」『AIGO』（日本精神薄弱者愛護協会）39（6）、pp.27-30。

宮本恵淑（1992）「韓国の特殊教育の現状と精神薄弱の呼称と人権」『AIGO』（日本精神薄弱者愛護協会）39（6）、pp.15-20。

西尾紀子・青山奈緒美・小林信篤（1992）「自閉症施設における人権保障の考え方」『AIGO』（日本精神薄弱者愛護協会）39（7）、pp.14-19。

小川環樹［訳注］（1997）『老子』【改版】中央公論社。

岡野守也（1999）『唯識の心理学』【新装版】青土社。

李淑信（1992）「台湾における『人権』の歴史と障害者問題」『AIGO』（日本精神薄弱者愛護協会）39（6）、pp.21-26。

清水寛・関陽郎・田ケ谷雅夫・松友了・山口薫・小出進（1992）「座談会人権にかかわる用語をどう改めるか」『発達の遅れと教育』（全日本特殊教育研究連盟）415、pp.12-34。

真保真人（1992）「精神薄弱の呼称を改める意味」『AIGO』（日本精神薄弱者愛護協会）39（5）、pp.25-30。

汐見稔幸（1992）「ことばと態度 ― コミュニケーション論の立場から ―」『AIGO』（日本精神薄弱者愛護協会）39（5）、pp.9-13。

田ケ谷雅夫（1992）「『精神薄弱』の呼称と施設の暮らし」『AIGO』（日本精神薄弱者愛護協会）39（5）、pp.14-19。

冨永健太郎（2009）「知的障害福祉を築いてきた人物伝（第10回） 糸賀一雄と近江学園『共感の世界、そして、この子らを世の光に』」『さぽーと』（日本知的障害者福祉協会）56（3）、pp.43-50。

冨安 S. ステファニー［冨安芳和訳］（1992）「アメリカで、彼らをどう呼んでいるか？ 彼らの名前を使っている!!」『AIGO』（日本精神薄弱者愛護協会）39（6）、pp.9-14。

山下勝弘（1992）「呼称・用語と障害の自己認知 ― 北欧各国のこれまでの経過と現状 ―」『AIGO』（日本精神薄弱者愛護協会）39（6）、pp.31-36。

## 第4章
## 議論3:『発達の遅れと教育』(全日本特殊教育研究連盟) ― 1992年第415号を中心として ―

要旨：知的ハンディキャップを持つ人を、どう呼称するかは、現在に至るまで議論が途絶えることが無い。それは、どのような「用語」を用いても変わらない。本書では、筆者の師である伊藤隆二教授が提唱している「『障害児』から『啓発児』へ」の思想を研究の出発点とする。近江学園の創立者・糸賀一雄氏は「この子らを世の光に」と言われたが、伊藤教授は、それを更に進めて「この子らは世の光なり」と主張される。なぜ「この子らは世の光なり」なのか、また、なぜ「障害児」ではなく「啓発児」なのか、ということを本研究は解き明かしたい。その際、まず「伊藤隆二」と、その師である「三木安正」を比較対照し、次に伊藤の「発達観」を明確にした上で、1992年に特に集中した「精神薄弱」用語問題に関する議論の内、特に本章では、『発達の遅れと教育』(全日本特殊教育研究連盟) 1992年第415号「特集人権と用語問題」に焦点を当てて検討した。その際、座談会「人権にかかわる用語をどう改めるか」の中の「伊藤隆二」に言及された箇所を手がかりにし、更に伊藤隆二の「障害児」を廃し「啓発児」と呼ぼう、すなわち「この子らは世の光なり」の思想をキリスト教の視点から考察した。その結果、知的ハンディキャップのある「この子ら」は、その「弱さ」ゆえに神に選ばれた存在であり、その「弱さ」ゆえに神の光を、そのまま受け容れ、自らが「世の光」となる。「この子ら」の光を身に受けた眼の前が曇っていた「強者」の内、目覚めた者は、己の至らなさを自覚し、正しくものを見ることに覚醒し、自ら低きに視点を移して正しく生きるようになる。そのような人が一人でも増える社会が達成されれば、

「この子ら」は「障害児」ではなく「啓発児」と呼ばれるのが相応しいということになることがわかった。

## はじめに ― 問題の所在 ―

　特別支援教育に関する内外の歴史研究は興隆を見せている。それは教育方法論や実践論に加えて、歴史的社会的文脈における特別支援教育の在り方が重視されてきているからである。その際、研究に用いられる用語、特に知的ハンディキャップを持つ人々を、どう呼ぶかは、いつの時代でも議論の的であったのにもかかわらず、いつの間にか忘れられる。現在は「知的障害」あるいは「精神遅滞」で統一されたかに思われるが、それにも問題がないわけではない。1980年代までは「精神薄弱」が使われていた。それでは、なぜ現在は「知的障害」「精神遅滞」で統一されているのか。その謎を解く鍵は1992年に知的ハンディキャップに関する研究団体・支援団体などが行った「精神薄弱」用語問題に関する議論にある。そこで本書では1992年の「精神薄弱」用語問題の議論を中心として、今後、この議論を深めていく際の客観的な「たたき台」を提示しようと思う。但し本章では紙幅の関係で、『発達の遅れと教育』（全日本特殊教育研究連盟）1992年第415号「特集人権と用語問題」に焦点を当てて検討する。その際、まず「伊藤隆二」と、その師である「三木安正」を比較対照し、次に伊藤の「発達観」を明確にした上で、座談会「人権にかかわる用語をどう改めるか」の中の「伊藤隆二」に言及された箇所を手がかりにし、更に伊藤隆二の「障害児」を廃し「啓発児」と呼ぼう、すなわち「この子らは世の光なり」の思想をキリスト教の視点から考察したいと思う。

　なお、現在の「全日本特別支援教育研究連盟」のHPから、その概要を以下に紹介する（全日本特別支援教育研究連盟2017）。

## 全特連とは？

### 1. 全特連という団体

・障害等のために特別な教育的ニーズのある子どもの教育にかかわる教師等の団体。
・全国52の都道府県市関係団体で構成される連合体であるが、個人会員制度も導入されている。副理事長3名のうち2名は、それぞれ全国特別支援学校知的障害教育校長会、全国特別支援学級設置学校長協会の推薦を経た者、他の1名は個人会員から選出された者。
・知的障害をはじめ、自閉症、LD〔学習障害──引用者、以下同じ〕、ADHD〔注意欠陥／多動性障害〕等々、発達上に障害のある子どもの教育に関心のある人は、どなたも個人会員になることができる。

### 2. 創立と沿革

・全日本特別支援教育研究連盟の前身、特殊教育研究連盟の結成年月は1949（昭和24）年6月。
・特殊教育研究連盟編「精神遅滞児教育の実際」（牧書店）の発行年月が連盟結成年月
・本書の序文は文部省初等教育課長坂元彦太郎、まえがきは文部省視学官三木安正。
・企画編集三木安正・小杉長平・杉田裕（品川区立大崎中学校分教場）
・本書の印税で「連盟ニュース」等を発行配布。
・1950（昭和25）年5月、特殊教育研究連盟の機関誌として、「児童心理と精神衛生」を発刊（隔月刊行）。
・創刊のことばから──「余りにも立派な言葉はもうたくさんだ。貧しくとも心のこもった素朴な行いと言葉がほしい。この雑誌が実際家と研究者とを結合させ、さらに海外の同志とも手を結ぶ機縁を作ることを期待する」（三木安正）。
・創刊から6年後、1956（昭和31）年5月号・通算30号で廃刊。
・1952（昭和27）年1月、文部省の第1回全国特殊学級研究協議会が下関市で開催──以後、毎年の全国的集会となるが、特殊教育研究連盟との関係については、「文部省主催といっても、その実質的運営は全特連のメンバーが、その衝にあたってきた」（三木）とのこと。
・翌年2月、第2回全国研究協議会が東京千代田区で開催──閉会後の本連盟の会で、「特殊教育研究連盟」を改組し、「全日本特殊教育研究連盟」の結成を決める。

- 規約が承認され、三木安正理事長、小宮山　倭（こみやまやまと）事務局長（事務局都立青　鳥（せいちょう）中学校）選任。
- 1962（昭和37）年11月、名古屋市での第11回全国協議会（この時代は精神薄弱教育全国協議会）から、その前日等に全特連独自の研究大会をもつ――この年の全特連独自の会を「第1回全特連研究大会」と銘（めい）打つ。
- シンポジウムテーマ「精薄児教育のための精薄研究」シンポジスト　岸本鎌一（きしもとけんいち）（名古屋市医大・医学）、丸井文男（まるいふみお）（名大［名古屋大学］・心理学）、高瀬常男（たかせつねお）（京大・教育心理学）、三木安正（東大・社会調査）、司会杉田裕（東教大［東京教育大学、現・筑波大学］）。
- 名古屋大会以来、翌1963（昭和38）年11月札幌で、1964年11月岐阜で、1965年12月東京で、文部省に「寄生的ではあるが、全特連独自のものが行われていた」（三木）。
- 1966（昭和41）年10月、長野市での大会から、文部省から離れ全特連独自の全国大会を開催――名古屋大会から数え、第5回精神薄弱教育研究全国大会と銘（めい）打つ。
- 長野大会における三木理事長あいさつ「講習会的なものは文部省主催でもよいが、研究会的なものは、国民団体にあるものの方が原則的によい」
- 機関誌「児童心理と精神衛生」廃刊後、1956（昭和31）年12月、新たに「精神薄弱児研究」発刊。
- 刊行にあたっての三木理事長のことば「新機関誌は特殊教育に挺身（ていしん）するものがお互いに学び、お互いにはげまし合い、かつ日々の仕事をするための具体的資料を提供するものでなければならない」
- 1964（昭和39）年4月、機関誌「精神薄弱児研究」の発行を日本文化科学社に移管。
- 1985（昭和60）年4月、機関誌名「精神薄弱児研究」を「発達の遅れと教育」に変更。
- 2006（平成18）年4月、機関誌名「発達の遅れと教育」を「特別支援教育研究」に改題。
- 2009（平成21）年4月、機関誌「特別支援教育研究」の発行を東洋館出版社に移管。
- 全特連歴代理事長

| | | |
|---|---|---|
| 故三木安正 | 東京大学名誉教授 | 1953年（昭和28年）～1984年 |
| 故山口　薫（やまぐちかおる） | 東京学芸大学名誉教授 | 1984年（昭和59年）～1995年 |
| 故小出　進（こいですすむ） | 千葉大学名誉教授 | 1995年（平成7年）～2007年 |

松矢勝宏　　　東京学芸大学名誉教授　　　2007年（平成19年）10月〜

3. 現在の主要役員
・理事長　松矢勝宏（東京学芸大学名誉教授）
　副理事長　村野一臣（全国特別支援学校知的障害教育校長会長）、山中ともえ（全国特別支援学級設置学校長協会長）、明官 茂（独立行政法人国立特別支援教育総合研究所情報・支援部長《兼》上席総括研究員）
・事務局長　早川智博（東京都立江東特別支援学校長）、庶務部長　坂口昇平（東京都立羽村特別支援学校長）、会計部長　川崎勝久（新宿区立東戸山小学校長）、事業部長　佐藤愼二（植草学園短期大学教授）、出版部長　名古屋恒彦（岩手大学教授）、研究部長　黒澤一幸（山村学園短期大学教授）、国際等連携部長　金子 健（明治学院大学名誉教授）

4. 事業
① 機関誌「特別支援教育研究」（月刊）の編集刊行。
② 年次全国大会の開催。
③ 全国7地区別研究大会の開催。
④ 全国3会場での夏期研修セミナーの開催。
⑤ 日本発達障害連盟諸事業への協力参加。

〔以上、全日本特別支援教育研究連盟2017から〕

## 1.「三木安正」と「伊藤隆二」の比較対照と、伊藤隆二の「発達観」

　「教育関係者の集まり」である「特殊教育研究連盟」は1949年設立されたが、1953年改称し「全日本特殊教育研究連盟」（波線は1992年時点での名称）になり、更に2006年改称し現在は「全日本特別支援教育研究連盟」である。機関誌名も1950年発刊『児童心理と精神衛生』から、1956年改称し『精神薄弱児研究』、1985年改称し『発達の遅れと教育』（波線は1992年時点での名称）、更に2006年改称し現在は『特別支援教育研究』である（三木1985、池田・大庭・小出・小宮山・山口・藤島1985、全日本特殊教育研究連盟1999、松矢2000、北沢2002）。

　本節では、この「研究連盟」の主要創設メンバーの一人であった「三木安正」の『児童心理と精神衛生』創刊号（1950年）の「創刊のことば」、同じく改称

後『精神薄弱児研究』創刊号（1956年）の「新機関誌発刊に当つて」を最初に検討する。次に伊藤隆二氏の論文（1985年）を考察する。つまり「三木安正」の見解と「伊藤隆二」の見解の対照である。なお、伊藤隆二教授は三木安正の直弟子であり、筆者の師である。

### （1） 三木安正教授の「二つの巻頭言」
### 1） 三木安正（1950）「創刊のことば」

三木安正は『児童心理と精神衛生』創刊号の「巻頭言」を次のように綴っている。（なお、旧字体は新字体に、旧仮名遣いは新仮名遣いに改めて引用している。）

創刊のことば

三木安正

1948年度以来各地で行われた文部省主催による精神遅滞児教育の講習会に呼応して、この方面の教育に挺身する教育者や、これと連関のある分野で研究している心理学者や精神医学者達の協力体制を作ることを目的とする特殊教育研究連盟が生まれたのは昨年春のことである。

連盟ではまず「精神遅滞児教育の実際」［特殊教育研究連盟（1949）──引用者、以下同じ］という本を編集し、ついで隔月ぐらいにニュースを出して、同志をつのって来たのであるが、いよいよ機が熟してきたので、ここに機関誌として「児童心理と精神衛生」という標題をつけたのは、問題を広く取り上げ、高い視野から考えて行こうとするためであるが、それはわれわれの集まりの主たる関心が児童心理、精神衛生、特殊教育などの分野にあると共に、これらのものを連関的に考えながら、それぞれ独自の研究分野を拓いて行こうという意図のあらわれでもあるのである。この意図は必然的に、この雑誌の内容の主体をなすものが実験と、実践と思索の結果であることを要求する。

余りにも立派な言葉はもうたくさんだ。貧しくとも心のこもった素朴な行いと言葉がほしい。この雑誌が実際家と研究者とを結合させ、さらに海外の同志とも手を結ぶ機縁を作ることを期待している。（文部省視学官）　〔三木1950、p.3〕

上の文にある「余りにも立派な言葉はもうたくさんだ。貧しくとも心のこもった素朴な行いと言葉がほしい」という言葉からは、三木が学生時代の伊

藤に言っていた「頭を高くするな。この子らから学べ」という言葉を連想した。この言葉を敷衍して行けば、我々研究者・実践者は「この子ら」を「啓発児」として「この子ら」から学べということであろう。表現は違うが、伊藤の「この子らは世の光なり」の発想の原点は「三木安正」にあったのではなかろうかと思われる。

## 2） 三木安正（1956）「新機関誌の発刊に当つて」

三木安正は改称した機関誌『精神薄弱児研究』創刊号の「巻頭言」では次のように述べている。（なお、旧字体は新字体に、旧仮名遣いは新仮名遣いに改めて引用している。）

新機関誌の発刊に当たって

三木安正

終戦後、教育界がその本来の姿を求めて立ち直ろうと懸命な努力をはじめたころ、精神薄弱児に対する教育もその一隅に頭を出してきた。その芽生えを育てようと、われわれは昭和24年［1949年――引用者、以下同じ］の春に特殊教育研究連盟を結成し、当時の各地の特殊学級の実践記録を集めた「精神遅滞児教育の実際」を刊行してから約10冊の図書を世に送り、昭和二十五年［1950年］五月から「児童心理と精神衛生」という標題の雑誌を隔月発行し本年［1956年］五月第30号に達したのであるが、この雑誌は、わが国の特殊教育の水準を高めるために、広い視野に立ち、かつ研究的なものをという方針であったため、教育の現場から遊離する結果を来たしてしまった。

一方、特殊教育は次第に普及し、精薄児のための特殊学級も1,000学級に近づく勢いとなってきたので、連盟が本来の使命を果たすためには、この雑誌の性格を根本的に改めるべきだという結論に達した。

そこで、ここに新しく機関誌を発刊することとなったのであるが、新機関誌は、特殊教育に挺身するものがお互い学び、お互いはげましあい、かつ日々の仕事をすすめるための具体的資料を提供するものにならねばならないと思う。

そして、そういう性格をもたらすためには、会員自身が、これを自分のものとして、育てるという心構えになっていただかなければならないと考えられるので、発刊に当たってこのことを切にお願いするものである。　〔三木1956、p.27〕

上の文にある、前誌『児童心理と精神衛生』が「教育の現場から遊離する結

果を来たしてしまった」と反省した三木は、より実践者に役立つ内容を盛り込んだ雑誌『精神薄弱児研究』を構想する。「実践者に役立つ内容」とは、すなわち究極的には「この子ら」と、共に学び合い、共に教え合い、共に補（おぎな）い合い、共に扶（たす）け合い、共に生きていくことの参考になる内容ということである。しかし、伊藤には「頭を高くするな。この子らから学べ」と言っていた三木だが、三木本人は「教師」や「指導者」といった上からの立場を「この子ら」に強く打ち出していた。一時期、三木が私財を擲（なげう）って設立した「旭出学園（あさひでがくえん）」では「肉体強化」を中心とした「スパルタ教育」が行われていたのも事実もある。とにかく「この子ら」を社会に「適応」（adaptation）させなくてはならぬ、それにはまず「体力」だ、と考えた時代があったのである。ただ三木を擁（よう）護するわけではないが、伊藤の話によれば三木は「この子ら」から常に「父のように」慕（した）われていたという。三木の根本姿勢には伊藤と共通のものがあったのである。その表現方法が多少異なっていたに過ぎないのかもしれない。

## （2）伊藤隆二の論文（1985年）― その「発達観」について ―

『発達の遅れと教育』（全日本特殊教育研究連盟）1985年第323号には伊藤隆二の「発達の遅れている子どもたち ― 能力主義から『人間主義』への転換を ―」が掲載されている。誌名が『発達の遅れと教育』となっている以上、直接的に「発達の遅れ」という言葉を「批判する」ほど伊藤は社会性が欠如しているわけではないので、非常に遠回しの「論述」になっているが、ここで述べたかったのは伊藤自身の「発達観」であったと思われる。そこで以下に伊藤隆二教授独特の「発達観」を紹介する。

伊藤隆二の発達に関する見解は、あくまでも個人の発達に焦点が当てられており、その個人の成長の過程を「他者とかかわり自己を発見していく」自己変革の過程と捉え、自（みずか）らのかけがえのない一回限りの生を意義深く自分なりに「生ききること」こそ、発達という概念の中核である、とまとめられる。

AさんはAさんなりに、BさんはBさんなりに、ありのままにそのままに自分として生きていくことが「発達」であり、発達を数値化して「AさんはBさんより発達している、能力が高い、進歩している」などと比較して論じるのは

無意味であり、有害ですらある。

　それは他者とかかわり自己を発見していく自己変革の過程を阻害するからである。このことを伊藤（1997）では、人間はいかなる人も「一人ひとりかけがえのない、独自的な存在であり、それはその一人ひとりの人生目標や生きる意味を有している」「そしてその一人ひとりは自分なりに生存（生きること）と人生の完成（人間としての成熟）へ向かって努力しているところにこそ価値がある」(p.141)と言い切り、伊藤はその「努力の過程」を発達とみたいと結んでいる。

　このような考えに至る背景には、伊藤の50年以上にわたる「この子ら」「この人ら」に関する臨床・教育・研究の結果、確信された「回帰性発達観」がある（伊藤1992a・伊藤1992b）。「完態」という言葉を使って表現すれば、「回帰性発達観」では、ある子ども（ある人）の誕生からこれまでの人生は、どの瞬間をとっても「完態」であったのであり、今後の人生も死に至るまで「完態」であり続けると考える。

　この場合の完態とは、その人なりの自己変革への「最善の努力」を指す。したがって例えば子どもは大人時代への準備のために生きているのではない。つまり、その人の「今、ここでの人生」は、次のステップとして存在しているのではなく、人生の過程にあって人間は、その時その時に自らのかけがえのない生を全うしているのである。

　大乗仏教の「唯識」では「圓成實性」や「刻刻圓成」と言う。「圓成實性」とは「全部が一であるという世界をまどやかに完成した真実の性質」（岡野1999、p.195）を言い、その場合の「圓成」とは「もとより完成されているもの」「円満に成就すること」を指す。したがって「刻刻圓成」で「人間はどのような人も、もとより誕生から完成している。そして、その後、死に至るまでも含めて、人生のいかなる発達段階においても完成している」ことを言う。このことからも、人生の、どの段階においてもその人として精いっぱい生ききることの重要性が示唆される。

　また「回帰性発達観」の「回帰」とは「その根に復帰する」という『老子』第十六章の一節から来ている。それは「万物並作、吾以観復、夫物芸芸、各復

帰其根、帰根曰静、是謂復命（あらゆる生物はどれもこれも盛んにのびる。わたくしは、それらがどこへかえってゆくのかをゆっくりながめる。あらゆる生物はいかに茂り栄えても、それらがはえた根もとにもどってしまうのだ。根もとにもどること、それが静寂とよばれ、運命に従うことといわれる）」(小川環樹訳注 1997、pp.43-44) というものである。これを引用し、伊藤（1992a、p.122）では「人も生まれてから、その人なりの人生を一刻一刻とすごし、そして死ぬことで『その根に復帰する』」と述べている。これを「回帰」と呼んでいるわけである。人間は誕生から死に至るまでの自らの人生過程において、その時その時を精いっぱいの自己変革の努力を行なっているのであり、「その根に復帰する＝死」の瞬間まで自らの人生を生ききることが重要だと伊藤隆二は主張しているのである。

## 2. 特集号の座談会「人権にかかわる用語をどう改めるか」
― 「伊藤隆二」への言及 ―

　本節では特集号の座談会「人権にかかわる用語をどう改めるか」の中で、伊藤本人は事情により「座談会」を欠席しているのにもかかわらず、「伊藤隆二」に言及している参加者が二名いるのに着目して、この二名の方の主張を、ここでは検討してみたい。

### (1) 議論の契機 ― 松友了氏の発言 ―
　1980年代から「精神薄弱」用語問題の議論は続いていたのに、具体的に新しい呼称に置き換える結論には至っていなかった。その呼称の置き換えの一つを提案したのが伊藤隆二の論文（伊藤 1990a）であり、「障害児」を廃し、「啓発児」と呼ぼう、と主張されたのである。その伊藤の提案が契機となり他の人々によっても新しい用語の提案が徐々に始められ、1992年に一つの興隆を見た。このことについて松友了によって次のように報告されている。

　　［松友了の発言――引用者、以下同じ］　もう一つ、従来と違うのは、具体的な提

案がなされるようになったということです。今日は都合でいらっしゃっていないけど、伊藤隆二さんの役割は大きかった。あの人の提案については私［松友］は批判的ですが、具体的にこういう表現をしようと提案したことは評価したい。多くの人は、問題を分析したり、人の提案を批判したりするけども、こう変えたらいいんだという提案をしなかった。伊藤さんがとんでもないロマンチックな提案［「この子ら」を「啓発児」と呼ぼうという提案］をされたので、あんな用語になったら困るということで、みんな自分の提案を始めたように思います。

〔清水・関・田ケ谷・松友・山口・小出 1992、p.26〕

なお、以上の松友の発言は、前後の文脈から考えれば、伊藤隆二への単なる「批判」ではなく、伊藤の提案（「障害児」を廃して「この子ら」を「啓発児」と呼ぼうという提案）により「精神薄弱」用語問題の議論が活発になったとの肯定的意味合いの発言である。

### （2）「精神」の意味 ― 山口薫氏の発言 ―

「精神薄弱」、つまり「精神」が薄く弱いという場合、その「精神」をあまりに安易に使用し過ぎているのではないかという点に触れ、以下のように山口薫氏が「伊藤隆二」に言及している。

> 精神薄弱という言葉はよくないと思いますが、精神という部分に対する問題と、薄弱に関する問題がありますね。英語の場合もメンタル［mental ―― 引用者、以下同じ］をインテレクチュアル［intellectual］に変える傾向があるけど、英語でいうメンタルと日本語の精神とはだいぶ違うんですね。『発達障害研究』の用語問題特集号で伊藤さんも書いている［伊藤 1992c］けど、精神には日本独特の意味合いが含まれてるから、問題があるのかなという気もします。けれども知的とか知能と限定してしまうとまた別の意味で問題が出てくるのではないか。
〔清水・関・田ケ谷・松友・山口・小出 1992、p.30〕

山口薫の上の指摘は、「精神薄弱」用語問題で重点が置かれたのは「薄弱」の方だったが、実は「精神」という言葉の使い方も大きく検討が必要だということである。現在では医療を中心として「精神遅滞」という言葉も残っているが、法律の文言はすべて「知的障害」で統一されている（岩井 1999）。「精神」

という言葉は極力「この子ら」には使われなくなっているが、その一因として上の山口の発言の中で紹介されている伊藤隆二の論文（伊藤1992c）で次のように明確に指摘されていることもあるだろう。

　哲学者の西谷啓治［西谷1957——引用者、以下同じ］によると、日本語の「精神」には中国から影響されている場合がほとんどであるが、現在のわが国においていわれている「精神」はspirit（英語）、esprit（仏語）、Geist（独語）などのヨーロッパ語の翻訳である、という。そしてそれらの意味の源流をたどれば、いずれもpneuma（ギリシャ語）に至るが、これは動詞pneō（吹く、息吹く）と結びついた語で、もともと風・空気などを意味し、さらに呼吸の〈息〉、また生命としての〈気〉となる。ラテン語のspiritusが動詞spiro（吹く、息吹く）と結びついているのも同様である。やがてこれらの語が〈息〉としての生命と、自覚性をもった心とを一つにした意味をもつものとなって、形而上学的、倫理的な、さらには宗教的な背景をもつに至ったのである。その証拠にholy spirit（聖霊）は神の〈精神〉pneumaを指す。その例は「風は思いのままに吹く、あなたはその音を聞くが、それがどこからきて、どこへ行くかを知らない。霊から生まれる者はみな、それと同じである」（「ヨハネによる福音書」3章8節）や、「神は霊であるから、礼拝する者も、霊とまことをもって礼拝すべきである」（同4章24節）の聖句に出てくる〈霊〉にみられる。これが「精神」を指すことは神（という精神）を自己に受けることで、肉体の死とともに神の「永遠の生命」に生かされる、という自覚を呼び起こす。

　西谷は次のように説明している。「神の精神を自己の精神に受け、自己に死して神の〈永遠の生命〉に生かされるということが、救いなのであり、同時に霊性的（精神的）spiritul［誤植と思われる。正しくはspiritual］な自覚なのである。——しかし、それの訳語として、現在日本で〈精神〉という言葉が使われる場合には、そういう背景が希薄になって、ただ人間の心的態度というようなばくぜんとした意味になっている。〈精神〉という言葉がそういう浅い、平凡な意味になっているというその事実が現在の日本の精神状況を示す一つの指標でもある」。

〔伊藤1992c、p.2〕

## （3）「特集人権と用語問題」掲載論文 ―「座談会」以外―

なお、「座談会」の他、『発達の遅れと教育』（全日本特殊教育研究連盟）1992年第415号「特集人権と用語問題」では以下の4点の論文が掲載されている。
1. 櫻井芳郎：人権と用語 ― その背後にある社会意識 ―
2. 安藤房治：教育の場における人権侵害
3. 北沢清司：知的障害者の親の立場からみた人権と用語
4. 柴田洋弥：知的障害をもつ人たちは自分の障害とその用語についてどう考えているか

## 3. キリスト教信仰を基礎にもつ伊藤隆二の教育思想

　伊藤隆二の「障害児」を廃し「啓発児」と呼ぼう、という呼びかけは「単なるロマンチストの発想だ」「現実を知らぬ大学教授の戯言だ」「気持ちは分かるが社会的偏見の変革が先だ」などの批判を浴びた。筆者も何人かの人から直接、伊藤教授への批判を聞いている。筆者が30歳代であった1990年代には、その批判のいくつかは「致し方のないもの」に思えた。しかし50歳代後半になった今、その批判のほとんどは筆者自身にも向けられていると感じている。すなわち一人娘も成長し、それまでの彼女の生育を考える時、親としての至らなさを痛感し、伊藤教授への「批判」が、そのまま自分にも当てはまると思うのである。

　そこで本節では、伊藤隆二の教育思想の根幹にある「キリスト教信仰」の考え方を使って、なぜ「この子ら」は「啓発児」と呼ばれるべきなのかを以下、考察する。その際、「神の選び」「最も小さい者」「弱さの力」「この子らは啓発児なり」「この子らは世の光なり」と順を追って考察する。

### （1）「神の選び」

　神は、この世を救済する御業の協力者として「愚かな者」「弱い者」「身分の低い者」「軽んじられている者」「無きに等しい者」［前者］を「あえて」選ば

れた。決して「知者」「強い者」「有力な者」［後者］は選ばれなかった。それどころか、神は前者を選ぶ目的を、後者を「はずかしめるため」「無力な者にするため」と言い切っている。これは前者を通した救済と解放の御業が達成される時、それが後者のような人々の力や技で成し遂げられたものではなく、神そのものの御業であることを明確に示すためである。もちろん「この子ら」は前者である。なぜなら「神のみまえに誇ることがないためである」。もっと言うならば、「この子ら」は神が創造された「この世」を決して汚(けが)すことがないからである。一方、後者は自分の能力や業績や身分や財産を「誇り」、中には「この世」自体の崩壊につながるような「大量破壊兵器」を生み出す人もいる。伊藤隆二は「あなたは後者のように驕(おご)り高ぶって前者の人を下に見る人間になりたいですか。それとも『この子ら』に代表される前者のように神の使徒として『この世』の救済と解放の協力者として生きていきますか」という我々健常者と言われる人々に究極の問いを突き付けている。

### （2）「最も小さい者」

　聖書による「最も小さい者」とは、神が選ばれた「世の無学な者」「世の無に等しい者」「身分の卑(いや)しい者」「見下(みさ)げられている者」（コリントの信徒への手紙一第1章第27節－第28節——以下、聖書からの引用は新共同訳『聖書』（1987）による）であるが、より具体的には、子ども、女性、病気の人、障害のある人、飢(う)えている人、身体を売る人、罪人、奴隷、取税人、羊飼い・豚飼いなどの牧畜人、行商人、小売り商人、日雇(ひやと)い労働者、門番・女中・給仕などの奉公人、サマリア人、異邦人などを指す。それらの人々は、才能、財産、地位、教養もなく、強い者から、疎(うと)んじられ、蔑(さげす)まれ、虐(しいた)げられ、痛みつけられ、押し潰(つぶ)されていて、いわば一見、自分の内にも外にも自分を衛(まも)る力を見出せない人々である。

　「人の子」イエスは、父親がはっきりしない母マリアの子として生まれ、父ヨセフは、その批判に耐えながら生きた。そしてイエスは「石工(いしく)」として生きていた。「石工」は現在の「大工」とは異なる職業差別を受けていた人々である。すなわち、イエスも「最も小さい者」であった。そして同胞(どうほう)ユダヤ人律法

学者に疎まれローマ帝国の名のもとに十字架刑を受ける。その末期の際「アッバ」（ヘブライ語・アラム語の「お父さん」）と叫びながら、この世のすべての罪を背負って死んでいくイエスは「神の子」となる。「人の子」であり「神の子」であるイエス＝キリストの誕生である。「神人」イエスは「最も小さい者」の筆頭であり導き手でもある。処刑から3日後「復活」されたイエスは天上に昇られ「最も小さい者」の守護者となられた。

　「この子ら」は「最も小さい者」である。そして我々も「最も小さい者」である。「神の似像」（imago Dei）として創造された我々人間は神から授けられた本来の「善」という側面だけでなく、「被造物」としての限界から「悪」の誘惑を逃れることができない側面も持つ。すなわち生まれながらに「原罪」を背負っているのである。したがって、すべての人が「最も小さい者」なのである。しかし、聖母マリアが「無原罪の聖母」と呼ばれるように、「この子ら」は人間の中では最も「無原罪」に近い。それに倣い、我々健常者も自分の身を低くして「最も小さい者」＝「この子ら」と連帯することを伊藤隆二は主張している。

　そのためには本田哲郎神父（2001）の「メタノイア」の考え方が最も参考になる。本田神父は大阪の日雇い労働者の町である"釜ヶ崎"で支援活動を行うカトリックの神父である。メタノイアとはふつう「悔い改め」「回心」などと翻訳されてきているが、本来は「視点の転換」（本田2001、p.16）を意味する言葉であり、ギリシャ語新約聖書原典の文脈から言うと「低みに立って見直す」（本田2001、p.17）ということを指す。

　「低みに立って見直す」と言っても本田神父も最初、誤解していたように「日雇い労働者」＝「最も小さい者」と同じ生活をするということではない（本田2006、pp.50-55）。そうではなく「視点を低くもつ」すなわち「日雇い労働者の目線に立って考え行動する」という点に本田神父は気づかれた。正に「低みに立つ」＝「下に立つ」（understand）は「最も小さい者」を「理解する」（understand）ことから出発する。そうなれば「最も小さい者」＝「この子ら」を「上から目線」で見下したり、蔑んだり、虐待したりということはなくなる。この「メタノイア」の考えは伊藤隆二の考えと通底し、同じ地平に立つ

「主体」同士、「人間」同士が、互いに「最も小さい者」として語り合い、関わり合い、補(おぎな)い合い、扶(たす)け合い、それぞれが「自分として」生き生きと、その「生」を全(まっと)うする前提となるものである。

## (3)「弱さの力」

正(まさ)に伊藤隆二が述べるのは「発想の逆転」である。通常の社会の価値観では「強い者」が人を助けると考える。しかし、それは逆で「弱い者」が人を助ける。福音(ふくいん)(The Word of God)の価値観は通常の価値観とは異なるのである。神の力を受け、人を生かすのは「弱い人」である。「弱い人」は他人の悲しみ・苦しみ・痛み・孤独・悔(くや)しさ・怒りがわかる。そうだからこそ人を真に励まし鼓舞(こぶ)することができる。再び立ち上がる力を人に与えることができる。「弱い人」=「最も小さい者」=「この子ら」の視点まで下(さ)がって、その生き方を学ぶ時、真の相互理解と救済・解放が、この世に出現する。我々は頭(こうべ)を垂(た)れ神の使徒である「この子ら」から真摯(しんし)に学ぶことが重要であると伊藤隆二は主張している。

## (4)「この子らは啓発児なり」

「この子らは世の光なり」とは何のことだろう。それは一言で言えば「この子ら」が「世の光」として灰色の雲に蔽われた「この世」を照らし、我々の曇った眼を開かせ、「真理の道」を指し示すことであろう。静(しずか)(1993)は光の働きを「照らす、暖める、燃やす、浄(きよ)める」(静1993、p.22)にまとめている。この考え方を敷衍(ふえん)して「この子ら」の、この世に存在する「特別な目的」を考察すれば次のようになる。

「照らす」には人々の見える高いところに置かれる必要がある。「この子ら」を社会の片隅に置くのではなく、中央の高いところに置くのである。それによって、この世界の闇を明るく照らし、この世で生きる人、「この子ら」の光によって曇った眼が開かれた人の苦悩をやさしく包み込む。「暖める」とは何を暖(あたた)めるのか。曇った眼が開かれた人の冷たくなった心を温(あたた)め、消えそうであった希望を暖める。この世の冷め切った愛をもう一度暖める。「燃やす」

とは何を燃やすのか。この世は妬みや怒りや憎しみの火で燃えている。その火で傷つき立ち上がれない人が無数にいる。その人たちを無限大の愛の火、つまりは神の愛＝アガペ（Agape）＝無償の愛＝献身の愛の炎の中に包み込み、すべてを「この子ら」の生き方に倣うことである。「浄める」とは何を浄めるのか。アガペの火はすべての悪と罪、過誤を燃やし尽くし、この世を浄める。それは同時に我々の心の中も浄化する。悪と罪に塗れた古い自分は死に新しい自分として生まれ変わるのである。

　このように考えてくると「この子らは世の光である」ことは明白になり、「この子ら」の、この世に存在する「特別な目的」とは我々への「啓発」と言えないだろうか。このことに関して伊藤隆二は次のように述べている。

> この子らは、戦争を始めることも、それに参加することもしない。それどころか、自分の利得のために他者と競うこともしない。他者を騙し、ずるく振る舞うことをしない。自然を破壊し、環境を汚染することもしない。純粋で、真心いっぱいに生きている。どこまでも実直である。そして清らかである。この子らは、（たとえ、言葉が話せないほど、知力に重いハンディキャップを負っていても）その飾らない生き方のままで、すべての人に、「どう生きるのが正しいか」を教えている。

> この子らに教えられ、導かれ、この子らに赦され、癒され、浄められる人は、現代の社会では多いのだ。争いのない、誰もが扶け合い、補い合い、誰もが楽しく、それぞれ生きがいをもって、生き生きと生きていける世の中は、この子らが光であるから実現するのである。この世に光を送り、何もかも明るく照らし、安らぎとぬくもりと夢と希望を与えてくれるのはこの子らである。

> 英語で「啓発」を「エンライトンメント（enlightenment）」というが、これは「光を灯して教え導くこと」を意味する。その役割を担っているのがこの子らであることははっきりしている。それゆえにこの子らは「啓発児」と呼ばれるのが相応しい。　　　　　　　　　　　〔伊藤 1995、pp.180-181〕

## （5）「この子らは世の光なり」

　伊藤隆二によれば、知的ハンディキャップのある「この子ら」は「障害児」ではなく「啓発児」であることは明らかだ、という。「弱い者」である「この子ら」が啓発する人々は一般の人々よりも強い人々である。特に自分の家柄や地位や財産や名誉を誇る「強い者」である。このような「強い者」は眼が曇っていて正しくものが見られない。しかし「強い者」の内、目覚めた人たちは、「弱い者」である「この子ら」の放つ「光」によって曇った眼が晴れ渡る。その「光」は視点を低きに転換する力があり、そのことにより、地上にいるすべての人が互いに理解し、扶け合い、補い合う社会の実現可能性が開けてくる。正に「この子らは世の光なり」（伊藤隆二）なのである。したがって「障害児」という言葉は存在する意味を失い、「この子ら」を呼ぶとすれば、普段は各々の名前で呼ぶことは当然として、「この子ら」を敢えてまとめて表現しなければならない時は「啓発児」と呼ぶのが相応しい。以上は、伊藤隆二が発表された論文（伊藤 1983・1985・1990a・1991・1992c・1994a・1994b）・著書（伊藤 1988・1990b・1995）・直接にお話を伺ったこと（大学院修士課程から現在まで）を検討した結果、明らかになった事柄である。

## おわりに ―まとめに代えて―

　本章では、『発達の遅れと教育』（全日本特殊教育研究連盟）1992 年第 415 号「特集 人権と用語問題」を中心に検討した。その際、まず「伊藤隆二」と、その師である「三木安正」を比較対照し、次に伊藤の「発達観」を明確にした上で、座談会「人権にかかわる用語をどう改めるか」の中の「伊藤隆二」に言及された箇所を手がかりにし、更に伊藤隆二の「障害児」を廃し「啓発児」と呼ぼう、すなわち「この子らは世の光なり」の教育思想をキリスト教の視点から考察した。その結果、知的ハンディキャップのある「この子ら」は「障害児」ではなく「啓発児」であることが明らかになった。「弱い者」である「この子ら」が啓発する人々は一般の人々よりも強い人々である。特に自分の家柄や地位や財産や名誉を誇る「強い者」である。このような「強い者」は眼が

曇っていて正しくものが見られない。しかし「強い者」の内、目覚めた人たちは、「弱い者」である「この子ら」の放つ「光」によって曇った眼が晴れ渡る。その「光」は視点を低きに転換する力があり、そのことにより、地上にいるすべての人が互いに理解し、扶け合い、補い合う社会の実現可能性が開けてくる。正に「この子らは世の光なり」（伊藤隆二）なのである。したがって「障害児」という言葉は存在する意味を失い、「この子ら」を呼ぶとすれば、普段は各々の名前で呼ぶことは当然として、「この子ら」を敢えてまとめて表現しなければならない時は「啓発児」と呼ぶのが相応しい。以上が、伊藤隆二の見解を検討した結果、明らかになった事柄である。

## 引用文献

安藤房治（1992）「教育の場における人権侵害」『発達の遅れと教育』（全日本特殊教育研究連盟）415、pp.40-43。

本田哲郎（2001）『小さくされた人々のための福音―四福音書および使徒言行録―』新世社。

本田哲郎（2006）『釜ヶ崎と福音―神は貧しく小さくされた者と共に―』岩波書店。

池田太郎・大庭伊兵衛・小出進・小宮山倭・山口薫・藤島岳（1985）「〔座談会〕三木安正先生と精神薄弱教育」全日本特殊教育研究連盟「三木安正先生を偲ぶ会」〔編〕（1985）『三木安正と日本の精神薄弱教育』全日本特殊教育研究連盟、pp.120-146。

伊藤隆二（1983）「発達障害とは何か―新しい意味と解釈―」『教育と医学』（教育と医学の会・慶應通信）31（10）、pp.4-11。

伊藤隆二（1985）「発達の遅れている子どもたち―能力主義から『人間主義』への転換を―」『発達の遅れと教育』（全日本特殊教育研究連盟）323、pp.12-19。

伊藤隆二（1988）『この子らは世の光なり―親と子と教師のための生きることを考える本―』樹心社。

伊藤隆二（1990a）「『障害児』から『啓発児』へ―今まさに転回のとき―」『誕生日ありがとう運動のしおり』増刊101号、pp.1-5〔http://www.maroon.dti.ne.jp/okuguchi/yougo.htm に転載のものから引用〕。

伊藤隆二（1990b）『なぜ「この子らは世の光なり」か―真実の人生を生きるために―』樹心社。

伊藤隆二（1991）「『精神薄弱』『障害』という用語を改正するために」『地域福祉における「用語」および社会的背景に関する研究』―初年度研究報告書―厚生省、pp.7-11。

伊藤隆二（1992a）『発達リズムと個性の発見―「その子らしさ」が伸びる条件―』朱鷺書房。

伊藤隆二（1992b）『こころの教育十四章』日本評論社。

伊藤隆二（1992c）「『精神薄弱』用語問題の現状と展望」『発達障害研究』（日本精神薄弱研究協会）14（1）、pp.1-7。

伊藤隆二（1994a）「偏見・差別」石部元雄・伊藤隆二・中野善達・水野悌一（編）『ハンディキャップ教育・福祉事典Ⅱ自立と生活・福祉・文化』福村出版、pp.878-888。

伊藤隆二（1994b）「宗教」石部元雄・伊藤隆二・中野善達・水野悌一（編）『ハンディキャップ教育・福祉事典Ⅱ自立と生活・福祉・文化』福村出版、pp.929-938。

伊藤隆二（1995）『この子らに詫びる ―「障害児」と呼ぶのはやめよう ―』樹心社。

伊藤隆二（1997）「『発達と教育』の思想の研究 ― ホリスティック・パラダイムからの考察 ―」『創価大学教育学部論集』42、pp.137-153。

岩井美奈（1999）「精神薄弱の用語の整理のための関係法律の一部を改正する法律」『法令解説資料総覧』211、pp.61-65。

北沢清司（1992）「知的障害者の親の立場からみた人権と用語」『発達の遅れと教育』（全日本特殊教育研究連盟）415、pp.44-46。

北沢清司（2002）「全日本特殊教育研究連盟（全特連）設立50周年年表」全日本特殊教育研究連盟［編］（2002）『教育実践でつづる知的障害教育方法史 ― 教育方法の展開と探究 ―』川島書店、pp.229-258。

松矢勝宏（2000）「全日本特殊教育研究連盟結成50年記念大会『50年の回顧・21世紀への展望』」『ノーマライゼーション』（日本障害者リハビリテーション協会）20（3）、pp.73-75。

三木安正（1950）「創刊のことば」『児童心理と精神衛生』第1号、全日本特殊教育研究連盟［編］（1999）『全日本特殊教育研究連盟結成50年記念　機関誌で見る知的障害教育50年』全日本特殊教育研究連盟、p.3。

三木安正（1956）「新機関誌の発刊に当つて」『精神薄弱児研究』第1巻第1号、全日本特殊教育研究連盟［編］（1999）『全日本特殊教育研究連盟結成50年記念機関誌で見る知的障害教育50年』全日本特殊教育研究連盟、p.27。

三木安正（1985）「全日本特殊教育研究連盟（全特連）の活動 ― その発展過程 ―」全日本特殊教育研究連盟「三木安正先生を偲ぶ会」［編］（1985）『三木安正と日本の精神薄弱教育』全日本特殊教育研究連盟、pp.101-119。

西谷啓治（1957）「精神」『世界大百科事典』【第16巻】平凡社、pp.382-383。

小川環樹［訳注］（1997）『老子』【改版】中央公論社。

岡野守也（1999）『唯識の心理学』【新装版】青土社。

櫻井芳郎（1992）「人権と用語 ― その背後にある社会意識 ―」『発達の遅れと教育』（全日本特殊教育研究連盟）415、pp.36-39。

柴田洋弥（1992）「知的障害をもつ人たちは自分の障害とその用語についてどう考えているか」『発達の遅れと教育』（全日本特殊教育研究連盟）415、pp.47-49。

清水寛・関陽郎・田ケ谷雅夫・松友了・山口薫・小出進（1992）「座談会人権にかかわる用語

をどう改めるか」『発達の遅れと教育』(全日本特殊教育研究連盟) 415、pp.12-34。
静一志 (1993)『地の塩と世の光 ― イエス様のたとえ話 ―』聖母の騎士社。
特殊教育研究連盟［編］(1949)『精神遅滞児教育の実際』牧書店。
全日本特別支援教育研究連盟 (2017)「全特連とは？」https://manavia.net/community/detail?id=16&topic_type=q1
全日本特殊教育研究連盟［編］(1999)『全日本特殊教育研究連盟結成50年記念機関誌で見る知的障害教育50年』全日本特殊教育研究連盟。

# 第5章
# その後の動向、二つの「法律」から

要旨：知的ハンディキャップを持つ人を、どう呼称するかは、現在に至るまで議論が途絶えることが無い。それは、どのような「用語」を用いても変わらない。本書では、筆者の師である伊藤隆二教授が提唱している「『障害児』(障害者)から『啓発児』(啓発者)へ」の思想を研究の出発点とする。近江学園の創立者・糸賀一雄氏は「この子らを世の光に」と言われたが、伊藤教授は、それを更に進めて「この子らは世の光なり」と主張される。なぜ「この子らは世の光なり」なのか、また、なぜ「障害児」(障害者)ではなく「啓発児」(啓発者)なのか、ということを本書は解き明かしたい。その際、前章までは、1992年に特に集中した「精神薄弱」用語問題に関する議論を中心に考察を進めてきた。本章では、その後の動向として二つの法律を中心に考察を行った。その二つの法律とは「精神薄弱の用語の整理のための関係法律の一部を改正する法律」(1998年)と「発達障害者支援法」(2004年)である。様々な議論が交わされた結果、「精神薄弱」という用語は廃止され、「知的障害」となった。また新たな「発達障害」という用語も登場し、その定義を巡っては現在まで議論が続いている。そして本章の最後には今までの一連の論究のまとめとして、筆者の師である伊藤隆二教授の「障害児」「障害者」を廃し「啓発児」「啓発者」と呼ぼう、すなわち「この子らは世の光なり」の教育思想をキリスト教の視点から再び考察した。その結果、知的ハンディキャップのある「この子ら」「この人ら」は、その「弱さ」ゆえに神に選ばれた存在であり、その「弱さ」ゆえに神の光を、そのまま受け容れ、自らが「世の光」となる。「この子

ら」「この人ら」の光を身に受けた眼の前が曇っていた「強者」の内、目覚めた者は、己の至らなさを自覚し、正しくものを見ることに覚醒し、自ら低きに視点を移して正しく生きるようになる。そのような人が一人でも増える社会が達成されれば、「この子ら」「この人ら」は「障害児」「障害者」ではなく「啓発児」「啓発者」と呼ばれるのが相応しいということになることがわかった。

## はじめに ― 問題の所在 ―

　特別支援教育に関する内外の歴史研究は興隆を見せている。それは教育方法論や実践論に加えて、歴史的社会的文脈における特別支援教育の在り方が重視されてきているからである。その際、研究に用いられる用語、特に知的ハンディキャップを持つ人々を、どう呼ぶかは、いつの時代でも議論の的であったのにもかかわらず、いつの間にか忘れられる。現在は「知的障害」あるいは「精神遅滞」で統一されたかに思われるが、それにも問題がないわけではない。1980年代までは「精神薄弱」が使われていた。それでは、なぜ現在は「知的障害」「精神遅滞」で統一されているのか。その謎を解く鍵は1992年に知的ハンディキャップに関する研究団体・支援団体などが行った「精神薄弱」用語問題に関する議論にある。そこで本書では1992年の「精神薄弱」用語問題の議論を中心として、今後、この議論を深めていく際の客観的な「たたき台」を提示しようと思う。本章では、その後の動向として1992年以降に成立した二つの法律に焦点を当てて検討を行う。その二つの法律とは「精神薄弱の用語の整理のための関係法律の一部を改正する法律」（1998年）と「発達障害者支援法」（2004年）である。その上で、最後に再び、伊藤隆二の「障害児」「障害者」を廃し「啓発児」「啓発者」と呼ぼう、すなわち「この子らは世の光なり」の教育思想をキリスト教の視点から再考し、一連の研究の小括としたい。

## 1.「精神薄弱の用語の整理のための関係法律の一部を改正する法律」(1998年)

　本節では、平成10年（1998年）9月28日法律第110号「精神薄弱の用語の整理のための関係法律の一部を改正する法律」に関して、その「概要」――ノーマライゼーションを目指して――、「厚生省研究班での検討」、「精神薄弱」という用語の不適切性、「知的障害」の代替用語としての妥当性、と順を追って考察したい。

### （1）概要――ノーマライゼーションを目指して――
　当該法律の「概要」は岩井（1999）によって次のようにまとめられている。

> 【概要】
> 　本法律は、32本の法律について、「精神薄弱」という用語を「知的障害」という用語に置き換えるものである。法律の制定を受け、関係政省令等の整備も行われ、本法律は、平成11年〔1999年――引用者、以下同じ〕4月1日から施行されている。
> 　「精神薄弱」という用語については、従来、関係団体からその見直しが強く求められてきたところであり、いわば、関係者の長年の悲願であったといえる。
> 　本法律は、政府において、障害保健施策全般の見直しが検討されている中、関係者の要望をできるだけ早く実現すべく、議員立法により、先行的に「精神薄弱」の用語見直しのみを行ったものであるが、提案理由にも述べられているとおり、本法律の制定が、障害のあるなしにかかわらず、すべての人が同様に暮らせる社会づくり、すなわちノーマライゼーションの理念の実現のため重要な一歩となり、知的障害者に対する国民の理解が深まり、障害者福祉の向上に寄与することが期待される。
> 〔岩井1999、p.61〕

　「概要」の文中にある「ノーマライゼーション」は特に重要な概念なので以下に解説する。
　ノーマライゼーション（normalization）の代表的な定義には、デンマーク

のバンク-ミケルセン（Bank-Mikkelsen, N.E.）による「精神遅滞者［知的障害者、伊藤隆二は「この人ら」と呼ぶ——引用者、以下同じ］にできるだけノーマルに近い生活を提供すること」（1969年）がある。スウェーデンのニィリエ（Nirje, B.）は「精神遅滞者の日常生活の様式や条件をできるだけ社会の主流になっている規範や形態に近づけるようにすること」とし、「1日、1週間、1年間のノーマルなリズム」を具体的な目標として提示している（花村1998）。

また、ノーマライゼーション原理を米国に導入したウォルフェンスベルガー（Wolfensberger, W.）は「ノーマライゼーションとは、できる限り文化的に通常の人間行動と外観および理解を確立（あるいは保持）するために、できる限り文化的に日常となっている諸手段を利用することである」（1980年）と定義している（ニィリエ、B.2000）。

このようにノーマライゼーションとは、伊藤隆二の言う「この子ら」「この人ら」（心身にハンディキャップを抱える人びと）が特別のケアを受ける権利を享受しつつ、個人の生活においても社会の中での活動においても、可能な限り通常の仕方で、その能力を発揮し、それを通して社会の発展に貢献する道を拓くということであり、その根底にあるものは、「この子ら」「この人ら」＝「マイノリティ」（社会的弱者）を排除してきた、これまでの社会の能力主義的評価原理に対する批判の上に、「この子」「この人ら」が他の市民と対等・平等に存在する社会こそノーマルな社会であるという思想である（レイモン、S.1995）。

ノーマライゼーションは1940年代後半のデンマークに淵源をもつ。当時のデンマークにおいて「この子ら」「この人ら」は、隔離・収容型施設への終生入所が一般的であった。しかし、「この子ら」「この人ら」の親たちは、そのような福祉政策に疑問を持ち、地域社会でノーマルな暮らしが営めるよう援助することこそが必要ではないかと考えた。また、かつて、この国を支配したナチス・ドイツのユダヤ人に対する「隔離・収容・絶滅」政策と、「この子ら」「この人ら」への保護政策との共通性を指摘し、反福祉的現実に対する抵抗概念としてノーマリセーリング（デンマーク語）が使用されるようになった（柴田・

尾添 1999)。

　その後、北欧・北米・イギリスなど世界的規模で障害者政策と運動に大きな影響を及ぼしているが、国連においても「精神遅滞者の権利宣言」(1971年)、「障害者の権利宣言」(1975年)、「国際障害者年行動計画」(1980年)、「障害者に関する世界行動計画」(1982年) などで、基本理念の一つとして位置づけられている (茂木1994)。

　この流れの中に伊藤隆二教授が提唱する「障害児と呼ぶのはやめよう」という活動が位置づけられる。

## (2) 厚生省研究班での検討

　「精神薄弱」という用語を何か他の用語に替えるためには、それなりの根拠が必要になる。その根拠を示すために厚生省(当時)の研究班によって検討が行われた。その検討班の分担研究者であった小出 進（こいですすむ）は次のように検討の結果をまとめている。

> 「精神薄弱」に替わる用語として何を用いるかは、法律でどういう語を採用するかによって決定づけられる。厚生省［当時 —— 引用者、以下同じ］は、研究班（分担研究者小出進）を設け、平成5年［1993年］末から平成7年［1995年］にかけて、「精神薄弱」に替わる用語についての検討を行なった。
> 　平成7年7月、検討結果をまとめ、公表したが、「討論を経ての結論」を次のように示している。
>
> ---
>
> 　「精神薄弱」に替わる用語について、その基本概念を変えないことを前提に、討論を重ねてきたが、その結論を次の五項目にまとめた。
> ① 「精神薄弱」に替わる用語を「知的発達障害」または、それを簡略化して「知的障害」とする。
> ② 「精神薄弱児・者」については、「知的発達に障害のある人」または、それを簡略化して、「知的障害のある人」とする。
> ③ 一般に、「知的障害」には、発達期（ほぼ18歳まで）に起こる知的障害のみではなく、発達期を過ぎての頭部損傷による知的障害、アルツハイマー病による知的障害などが含まれるが、「知的発達障害」を簡略化して「知的障害」と

する場合は、発達期における発生する知的障害に限られる。
④ 「知的発達障害」を中心に、それと密接に関連し、類似の対応を必要とする自閉症、脳性マヒなどを含めて「発達障害」とする。
⑤ 現行法の「精神薄弱」の語を改める場合、それと同じ概念の語、たとえば「知的発達障害」を選択することもあれば、それより広い概念の語、たとえば「発達障害」を用いることもある。
（付）なお、「知的発達障害」または「知的障害」が、法律で用いる語として適当かどうかを含めて、用語を変更した時の問題点については、時間的制約もあり、本研究会としては結論を得るに至らなかったので、さらに検討を必要とする。

〔小出 1995、pp.35-36〕

「精神薄弱」に替わる言葉として「知的発達障害」「知的障害」が提示された。「知的発達障害」は発達期（胎生期から出生、18歳位まで）に出現することを強調した言葉だが、単に「知的障害」とした場合も、「知的発達障害」の意味で簡略化した時は発達期に出現する「知的障害」とする。

一般に「知的障害」とすれば発達期を過ぎてのものも指すが、現在、交通事故等による頭部外傷で「知的障害」を来したものは「高次脳機能障害」「認知症」（痴呆）による「知的障害」は、脳の収縮によるものは「アルツハイマー病」あるいは「アルツハイマー型認知症」、脳梗塞や脳出血など脳の血管障害によるものは「脳血管性認知症」と称することが多い。したがって法律文書の中での「知的障害」には上のもの（高次脳機能障害・アルツハイマー病・脳血管性認知症）は含まない。

上位の概念である「発達障害」には「知的障害」を含み、さらに「自閉症」「脳性マヒ」などを含めて「発達障害」とする。但し後の「発達障害者支援法」（2004年）では「自閉症」は「発達障害」に含まれているが、「知的障害」「脳性マヒ」への言及がない。したがって法律上は「知的障害」と「発達障害」は別のものとして扱われている（日本発達障害福祉連盟 2010、p.xi）。

「知的発達障害」か「知的障害」かの問題も、ほぼ「知的障害」で統一されているが、特に医療分野で伝統的に使われてきた「精神遅滞」を、どうするかの議論は、次に小出の文章を引用するように結論が出ないままになっている。

検討の過程［先述の厚生省研究班での検討過程 —— 引用者、以下同じ］で、「精神薄弱」に替わる用語を「知的障害」とするか、「精神遅滞」とするかで、意見が対立し、拮抗(きっこう)したことは事実である。両方の意見を受け入れたために、結論があいまいになったといえないこともない。　　　　　　　　　〔小出1999、p.32〕

　結局、現在では、法律用語としては「知的障害」で統一され、その他、教育・福祉・労働などの分野では「知的障害」が専(もっぱ)ら使われ、医療の分野では「精神遅滞」も併用されている。この点について山口薫(やまぐちかおる)は以下のように社団法人日本精神薄弱福祉連盟（現・公益社団法人日本発達障害福祉連盟）の見解を整理して明確に紹介している。

　「精神薄弱」という用語の不適切さはかなり前から指摘されてきたが、それに替わる適切な用語についての意見の一致をみないまま今日［1995年 —— 引用者、以下同じ］に至っている。
　精神薄弱［知的障害］関係の４団体 —— 全日本精神薄弱者育成会［現・全日本手をつなぐ育成会］、全日本特殊教育研究連盟［現・全日本特別支援教育研究連盟］、日本精神薄弱者愛護協会［現・日本知的障害者福祉協会］、日本発達障害学会［現在も同じ］—— から構成されている社団法人日本精神薄弱者福祉連盟［現・公益社団法人日本発達障害福祉連盟］では、用語問題について1990年11月に委員会を設置して検討を行った結果、1993年11月に精神薄弱に替わる言葉として
　　1) 症候名としては［つまり「医療」分野では］「精神遅滞」を用いる。
　　2) 身体障害等と並ぶ障害区分としては［つまり「教育・福祉・労働・法律」分野では］、「知的障害」に位置付ける。
　の２項目にまとめて公表した（1993年11月４日）。　　　〔山口1995、p.1〕

## （3）「精神薄弱」という用語の不適切性

　「精神薄弱」という用語の不適切性について岩井（1999）では次のようにまとめられている。

　「精神薄弱」という用語については、従来から、次のような問題点が指摘されてきたところである。
　① 知的側面における障害に関する用語であるにもかかわらず、あたかも精神全

般に欠陥があるかのような印象を与える語弊があり、障害の状態を適切に表していない。
　②　精神活動が薄弱であるとの語感があるため、障害者の人格全体を否定するかのようなニュアンスがある。
　③　したがって、障害者に対する差別や偏見を助長しかねない。
〔岩井1999、p.63〕

## （4）「知的障害」の代替用語としての妥当性

「知的障害」の代替用語としての妥当性について岩井（1999）では次のようにまとめられている。

　　「精神薄弱」に替わる用語として、「知的障害」が適当であるとされた理由は、次のとおりである。
　①　障害者の人格を否定する響きを持たずに障害の状態を価値中立的に表現できる。
　②　日本知的障害福祉連盟［現・日本発達障害福祉連盟］、全日本手をつなぐ育成会、日本知的障害者愛護協会［現・日本知的障害者福祉協会］など関係団体の要望である。
　③　新聞、テレビ等においても既に「知的障害」が〔ママ〕普及、定着している。
　④　厚生省の意見照会に対し、関係医学団体から、法令用語としては「知的障害」で差し支えない旨(むね)の回答が示されている。〔岩井1999、p.63〕

「知的障害」における呼称変更の経緯とその意義を考察した、知的障害者の「親の会」である「全日本手をつなぐ育成会」の専従常務理事を務める松友 了(まつともりょう)（2000）は「用語問題と本人活動の関係」を次のように述べている。

　　最も重要でかつ今回の成功を導いたのは、「本人活動（self-advocacy movement）」という、本人自身による発言・主張を保障する、当事者運動の高まりを背景にしたことです。そして、「本人活動」やその基礎になる「自己決定（self-determination）」の概念も、権利擁護（advocacy）の実践と共に、1990年の国際育成会連盟の世界会議で目の前にしたものであり、同時に持ち帰ったものです。すなわち、用語改訂運動は、単なる「言い換え」や、ましてや「言葉狩り」ではなく、ノーマライゼーションを実現する、権利擁護運動として、「初めに言

葉ありき」として取り組まれたのです。　　　　　　〔松友 2000、p.985〕

　上の文中の「初めに言葉ありき」は新約聖書「ヨハネによる福音書」第1章からの引用であるが、次に、その御言葉を紹介する［なお、以下、聖書からの引用は新共同訳『聖書』(1987) による］。

　　1 初めに言があった。言は神と共にあった。言は神であった。2 この言は、初めに神と共にあった。3 万物は言によって成った。成ったもので、言によらずに成ったものは何一つなかった。4 言の内に命があった。命は人間を照らす光であった。5 光は暗闇の中で輝いている。暗闇は光を理解しなかった。
　　　　　　　　　『新約聖書』「ヨハネによる福音書」第1章第1節から第5節

　上の「御言葉」の筆者の私釈は以下の通りである。すなわち、この世は創造主たる「神」によって創られたが、それはロゴス（logos）から始まった。ロゴスとは、ギリシャ語で「言葉」「理性」を意味する。ロゴスとは、古代ギリシャ哲学・スコラ哲学では、世界万物を支配する理法・宇宙理性を指す。ロゴス＝理性＝「言葉」は、すなわち「神」であり、この世界の根源として「神」が存在する。その言葉は「命」であり「光」であり、混沌の「暗闇」を照らすものである。そして、その「光」は決して「暗闇」に飲み込まれることはない、ということである。

　ここから連想されたのは伊藤隆二の「この子らは世の光なり」という思想である。「この子ら」「この人ら」とは重い知的ハンディキャップを背負っている人たちである。「神」の「言葉」を真に理解しているのは「この子ら」「この人ら」である。上の引用中に「暗闇は光を理解しなかった」とあるのは、「神」および神の恩寵を受ける「この子ら」「この人ら」を蔑にする人びと、つまり「暗闇」の中にいる人たちは神の御心が「理解できない」という意味にも採れる。「この子ら」「この人ら」は、「神」の「言葉」を真に理解し、「神」の光を、そのまま受け容れ、自らも「命」として輝き、眼が曇った人々の目を啓かせる。それ故「この子らは世の光なり」なのである。松友氏が「実に奇妙ではありますが、具体的な提案」（松友 2000、p.985）と一応評価しながら紹

介している伊藤隆二教授の「障害児（障害者）を廃し、啓発児（啓発者）と呼ぼう」「知的障害児（知的障害者）は敬知児（啓知者）と呼ぼう」という提案は、上述した「初めに言葉ありき」という御言葉からも帰結される「最終結論」なのである。しかし、それは現在に至って実現していない。筆者の恩師である伊藤教授を陰で「現実を知らない学者馬鹿の夢想家」と揶揄していた「学者」がいたのを記憶している。この自称「学者」は「馬鹿」が差別語だということを知らなかったのであろうか。

## 2.「発達障害者支援法」（2004年）

本節では、平成16年（2004年）12月10日法律第167号「発達障害者支援法」に関して、その「概要」と「発達障害」の法制上の定義、および平成28年（2016年）6月3日法律第64号「発達障害者支援法の一部を改正する法律」の「概要」及び「定義の改正」、と順を追って考察したい。

（1）概要と定義
 1）概　要
「発達障害者支援法」〔平成16年（2004年）12月10日法律第167号〕の「概要」について吉村（2005）では次のように述べている。

> 【概要】
> 　発達障害者に対する社会的理解は十分でなく、発達障害者及びその保護者は大きな精神的負担を強いられており、その支援は喫緊の課題である。本法は、発達障害者の自立及び社会参加に資するようその生活全般にわたる支援を図ることを内容とするものである。
> 〔吉村2005、p.54〕

この法律は、従来の「上からの保護」という観点を放擲し、発達障害者一人一人、その保護者一人一人の視点に立って、「生活全般にわたる支援」を行うことによって、発達障害者一人一人の「社会参加」を促し、ひいては発達障害者一人一人の「自立」を達成していくことを支援するものであることが明記

されている。それでは、その「発達障害」は法律において、どのように「定義」されているのだろうか。次項で検討を試みる。

### 2）定 義

「発達障害」の法令上の定義は、国会の議決による「法律」上の定義、内閣が制定する「政令」上の定義、法律・政令の委任に基づく「施行規則」上の定義と三種あるが、以下、それぞれ該当箇所を引用・紹介する。

> ○発達障害者支援法（平成16年［2004年――引用者、以下同じ］12月10日法律第167号）（抄）
> （定義）
> 第2条　この法律において「発達障害」とは、自閉症、アスペルガー症候群その他の広汎性発達障害、学習障害、注意欠陥多動性障害その他これに類する脳機能の障害であってその症状が通常低年齢において発現するものとして政令で定めるものをいう。
> 2　この法律において「発達障害者」とは、発達障害を有するために日常生活又は社会生活に制限を受ける者をいい、「発達障害児」とは、発達障害者のうち18歳未満のものをいう。
> 3　この法律において「発達支援」とは、発達障害者に対し、その心理機能の適正な発達を支援し、及び円滑な社会生活を促進するため行う発達障害の特性に対応した医療的、福祉的及び教育的援助をいう。
> 〔文部科学省初等中等教育局特別支援教育課2007、p.56〕

　上をまとめると、「発達障害者支援法」（法律）においては、「発達障害」とは「自閉症」「アスペルガー症候群その他の広汎性発達障害」「学習障害」「注意欠陥多動性障害」「その他これに類する脳機能の障害であってその症状が通常低年齢で発現するものとして政令で定めるもの」になる。
　ここで注目されるのは次の二点である。第一点目は「自閉症」の扱い方である。別立てで「アスペルガー症候群その他の広汎性発達障害」とあるので、この「自閉症」は、自閉症スペクトラム全体の約四分の三を占める、知的障害を伴うタイプの「自閉症」つまりは提唱者とされる人物の名前を取って「カナー型自閉症」〔但し「自閉症」概念の最初の提唱者はH．アスペルガーである（加

戸・眞田・齋藤 2013）］のことだとわかる。しかし、そうだとすれば「知的障害」との棲(す)み分けはどうなるのかという疑問が残る。現行制度では「自閉症」以外の知的障害に関しては「知的障害」の範疇(はんちゅう)の法律が適用される。「（知的障害を伴う）自閉症」は「発達障害支援法」以降は、こちらの法律の適用を受ける。しかし、現実には、「誤解」「混乱」が多発していたことも事実である。

　第二点目は、「その他これに類する脳機能の障害であってその症状が通常低年齢において発現するものとして政令で定めるものをいう」というところの「政令で定めるもの」であるが、その政令を次に検討する。

　　○発達障害者支援法施行令（平成17［2005年──引用者、以下同じ］年4月1
　　　日　政令第150号）（抄）
　　　　内閣は、発達障害者支援法（平成16年［2004年］法律第167号）第2条第1項、第14条第1項及び第25条の規定に基づき、この政令を制定する。
　　（発達障害の定義）
　　第1条　発達障害者支援法（以下「法」という。）第2条第1項の政令で定める
　　　障害は、脳機能の障害であってその症状が通常低年齢において発現するもののうち、言語の障害、協調運動の障害その他厚生労働省令で定める障害とする。
　　　　　　　　〔文部科学省初等中等教育局特別支援教育課 2007、p.56〕

　以上まとめると、「発達障害者支援法」（法律）＋「発達障害者支援法施行令」（政令）においては、「発達障害」とは「自閉症」「アスペルガー症候群その他の広汎性発達障害」「学習障害」「注意欠陥多動性障害」「その他これに類する脳機能の障害であってその症状が通常低年齢で発現するものとして政令で定めるもの」になる。更に「その他これに類する脳機能の障害であってその症状が通常低年齢で発現するものとして政令で定めるもの」は、脳機能の障害であって、その症状が通常低年齢で発現するものの内、「言語の障害」「協調運動の障害」「その他厚生労働省令で定める障害」となる。不明点は最後の「その他厚生労働省令で定める障害」であるが、その「厚生労働省令」の該当箇所を以下に引用・紹介する。

第5章 その後の動向、二つの「法律」から　107

○発達障害者支援法施行規則（平成17年［2005年——引用者、以下同じ］4月1日　厚生労働省令第81号）（抄）

　発達障害者支援法施行令（平成17年政令第150号）第1条の規定に基づき、発達障害者支援法施行規則を次のように定める。
　平成17年4月1日　　　　　　　　　　　　厚生労働大臣　尾辻　秀久

　発達障害者支援法施行令第1条の厚生労働省令で定める障害は、心理的発達の障害並びに行動及び情緒の障害（自閉症、アスペルガー症候群その他の広汎性発達障害、学習障害、注意欠陥多動性障害、言語の障害及び協調運動の障害を除く。）とする。〔文部科学省初等中等教育局特別支援教育課2007、p.56〕

　以上まとめると、「発達障害者支援法」（法律）＋「発達障害者支援法施行令」（政令）＋「発達障害者支援法施行規則」（厚生労働省令）においては「発達障害の定義」は次のようになる。「発達障害」とは、まず<u>自閉症</u>」「<u>アスペルガー症候群その他の広汎性発達障害</u>」「<u>学習障害</u>」「<u>注意欠陥多動性障害</u>」「その他これに類する脳機能の障害であってその症状が通常低年齢で発現するものとして政令で定めるもの」である。この内、「その他これに類する脳機能の障害であってその症状が通常低年齢で発現するものとして政令で定めるもの」は、脳機能の障害であって、その症状が通常低年齢で発現するものの内、「<u>言語の障害</u>」「<u>協調運動の障害</u>」「その他厚生労働省令で定める障害」である。更に「その他厚生労働省令で定める障害」は「<u>心理的発達の障害</u>」（ICD-10のF80-F89）と「<u>行動及び情緒の障害</u>」（ICD-10のF90-F98）となる。［<u>下線を引いたものが「発達障害」の範囲</u>］

　最後の「心理的発達の障害」（ICD-10のF80-F89）と「行動及び情緒の障害」（ICD-10のF90-F98）とは、如何なる内容を含むのだろう。ICD-10とは『疾病及び関連保健問題の国際統計分類（第10版）』［International Statistical Classification of Diseases and Related Health Problems、The 10th edition］であり、そのF80-F89は「心理的発達の障害」、F90-F98は「小児〈児童〉期及び青年期に通常発症する行動及び情緒の障害」である。以下にその内訳を

紹介する。

## ICD-10（疾病及び関連保健問題の国際統計分類）（抄）

F80-F89　心理的発達の障害
- ●F80　会話及び言語の特異的発達障害
  - ○F80.0　特異的会話構音障害
  - ○F80.1　表出性言語障害
  - ○F80.2　受容性言語障害
  - ○F80.3　てんかんを伴う後天性失語（症）［ランドゥ・クレフナー症候群］
  - ○F80.8　その他の会話及び言語の発達障害
  - ○F80.9　会話及び言語の発達障害、詳細不明
- ●F81　学習能力の特異的発達障害
  - ○F81.0　特異的読字障害
  - ○F81.1　特異的書字障害
  - ○F81.2　算数能力の特異的障害
  - ○F81.3　学習能力の混合性障害
  - ○F81.8　その他の学習能力発達障害
  - ○F81.9　学習能力発達障害、詳細不明
- ●F82　運動機能の特異的発達障害
- ●F83　混合性特異的発達障害
- ●F84　広汎性発達障害
  - ○F84.0　自閉症
  - ○F84.1　非定型自閉症
  - ○F84.2　レット症候群
  - ○F84.3　その他の小児〈児童〉期崩壊性障害
  - ○F84.4　知的障害〈精神遅滞〉と常同運動に関連した過動性障害
  - ○F84.5　アスペルガー症候群
  - ○F84.8　その他の広汎性発達障害
  - ○F84.9　広汎性発達障害、詳細不明
- ●F88　その他の心理的発達障害
- ●F89　詳細不明の心理的発達障害

| F90 - F98　小児〈児童〉期及び青年期に通常発症する行動及び情緒の障害 |

- ●F90　多動性障害
  - ○F90.0　活動性及び注意の障害
  - ○F90.1　多動性行為障害
  - ○F90.8　その他の多動性障害
  - ○F90.9　多動性障害、詳細不明
- ●F91　行為障害
  - ○F91.1　非社会化型〈グループ化されない〉行為障害
  - ○F91.2　社会化型〈グループ化された〉行為障害
  - ○F91.3　反抗挑戦性障害
  - ○F91.8　その他の行為障害
- ●F92　行為及び情緒の混合性障害
  - ○F92.0　抑うつ性行為障害
  - ○F92.8　その他の行為及び情緒の混合性障害
  - ○F92.9　行為及び情緒の混合性障害、詳細不明
- ●F93　小児〈児童〉期に特異的に発症する情緒障害
  - ○F93.0　小児〈児童〉期の分離不安障害
  - ○F93.1　小児〈児童〉期の恐怖症性不安障害
  - ○F93.2　小児〈児童〉期の社交不安障害
  - ○F93.3　同胞抗争障害
  - ○F93.8　その他の小児〈児童〉期の情緒障害
  - ○F93.9　小児〈児童〉期の社会的機能の障害、詳細不明
- ●F94　小児〈児童〉期及び青年期に特異的に発症する社会的機能の障害
  - ○F94.0　選択（性）かん〈緘〉黙
  - ○F94.1　小児〈児童〉期の反応性愛着障害
  - ○F94.2　小児〈児童〉期の脱抑制性愛着障害
  - ○F94.8　その他の小児〈児童〉期の社会的機能の障害
  - ○F94.9　小児〈児童〉期の社会的機能の障害、詳細不明
- ●F95　チック障害
  - ○F95.0　一過性チック障害
  - ○F95.1　慢性運動性又は音声性チック障害
  - ○F95.2　音声性及び多発運動性の両者を含むチック障害［ドゥラトゥーレット症候群］

○ F95.8　その他のチック障害
　　○ F95.9　チック障害、詳細不明
　● F98　小児〈児童〉期及び青年期に通常発症するその他の行動及び情緒の障害
　　○ F98.0　非器質性遺尿（症）
　　○ F98.1　非器質性遺糞（症）
　　○ F98.2　乳幼児期及び小児〈児童〉期の哺育障害
　　○ F98.3　乳幼児期及び小児〈児童〉期の異食（症）
　　○ F98.4　常同性運動障害
　　○ F98.5　吃音症
　　○ F98.6　早口〈乱雑〉言語症
　　○ F98.8　小児〈児童〉期及び青年期に通常発症するその他の明示された行動及び情緒の障害
　　○ F98.9　小児〈児童〉期及び青年期に通常発症する詳細不明の行動及び情緒の障害

〔文部科学省初等中等教育局特別支援教育課 2007、p.60〕

## （2）「発達障害者支援法の一部を改正する法律」（2016年）

　2016年には「発達障害者支援法の一部を改正する法律」が出された。以下、その「概要」と「定義の改正について考察する。

### 1）概　要

　「発達障害者支援法の一部を改正する法律」（2016年）の「概要」は山屋（2017）によって次のようにまとめられている。

【概要】
　発達障害者支援法（平成16年［2004年――引用者、以下同じ］法律第167号）が平成16年に議員立法として成立した後、発達障害者への支援、地域における支援体制の整備等が着実に進展してきた。一方、法施行から約10年が経過し、現場から様々な要望が寄せられており、また障害者の権利に関する条約の批准や障害者基本法（昭和45年［1970年］法律第84号）の改正が行われるなど、共生社会の実現に向けた新たな取組が進められている。
　そこで、このような状況に鑑み、「発達障害者支援法の一部を改正する法律」（平成28年［2016年］法律第64号）は発達障害者の支援のより一層の充実を図

るため、所要の措置を講じるものである。　　　　　　　〔山屋 2017、p.28〕

「発達障害者支援法の一部を改正する法律」（2016 年）は「ノーマライゼーション」を目指す国内と国際社会の動向に沿って改正がなされた。特に「地域」における支援体制の充実が叫ばれているのだが、現実には「在宅」に拘り過ぎた実際の法運用のあり方から綻びが見え始めている。例えば障害種別については重なり合うものが多く、例えば「自閉症」＋「ADHD」＋「協調運動障害」といった人が稀ではない。また個人の障害程度についても「固定的」なものではなく、「流動的」であるし、環境側の支援体制によっても「支援程度・内容」は「流動的」である。つまり「介護福祉」の分野に学び「支援のコーディネーター」を置くことが求められている。

### 2）定義の改正

「発達障害者支援法の一部を改正する法律」（2016 年）の「定義の改正」は山屋（2017）によって次のようにまとめられている。

　【定義の改正】
　　発達障害者は、脳機能の障害によりコミュニケーションや注意力等に困難さを有するにもかかわらず、社会からは当人の努力や人間性の問題であるなどという偏見を持たれるなど、社会的障壁により日常生活又は社会生活に制限を受ける状況にある。そして、このような「社会モデル」の考え方は権利条約〔障害者の権利に関する条約――引用者、以下同じ〕及び障害者基本法にも反映されている。
　　そこで、発達障害者とは「発達障害がある者であって発達障害及び社会的障壁により日常生活又は社会生活に制限を受けるもの」とし、「社会的障壁」を追加した（2 条 2 項）。　　　　　　　　　　　　　　　〔山屋 2017、p.28〕

山屋は別稿（2016）で上の「社会的障壁」に関して「発達障害者支援法の一部を改正する法律」（2016 年）の 2 条 3 項において「障害者基本法の規定を踏まえ、発達障害がある者にとって日常生活又は社会生活を営む上で障壁となるような社会における事物、制度、慣行、観念その他一切のもの」（山屋 2016、p.42）と規定されていると紹介している。このような意味での「社会的

障壁」であれば、その最も大きなものは「この子ら」「この人ら」を「障害児」「障害者」と呼ぶことだと考えられるが、そのことに関して以下の節で更に検討を加える。

## 3.「日本精神薄弱研究協会」の名称変更（1992年）

　法改正の前に逸早（いちはや）く「名称変更」を行った研究団体があった。「日本精神薄弱研究協会」である。その経過について、まず名称変更の「会告」を紹介し、次に名称変更の経緯を考察し、本節の最後では関連団体の動向についてまとめたい。

（1）会告（抜粋）
　「研究協会の名称変更について」の「会告」が当時の有馬正高（ありままさたか）会長によって以下のように出されている。そのことにより名称が「日本精神薄弱研究協会」から「日本発達障害学会」に変更された。

　　　去る7月24日の評議員会および総会において、日本精神薄弱研究協会を日本発達障害学会と改称することに決定いたしました。永年の伝統をもつ会の名称を変更することは相当の理由と決心を要しますのでその経過と意義についてご報告いたします。
　　　すでに10年余にわたり、世界的に精神薄弱という用語を避ける機運があり、それに替わる種々の名称が提案されてまいりましたが、研究対象をより広く関連領域まで包括するという意義を重視して、機関誌名と同じ名称を採用することになりました。

　　　　　　　　　　　　　　　　　　　　　　　　　　　　以下略
　　　　　　　　　　　（1992年　日本精神薄弱研究協会会長　有馬正高）
　　　　　　　　　　　　　　　〔菅野・原・石塚・佐藤・松為 2009、p.8〕

　上の「会告」からわかることは「知的障害」をより広い範囲を示す「発達障害」という言葉の中に包摂（ほうせつ）するということである。これは後の「発達障害者支援法」（2004年）の考えとは異なるのだが、前節で述べたように、この問題、

すなわち「知的障害」を「発達障害」に含めるか否かの問題は現在でも議論が続いている。

### (2) 名称変更の経緯 ── 有馬正高氏 ──

前項で紹介した「会告」を出した当時の会長であった有馬正高氏は名称変更の経緯を次のように述べている。

> 有馬先生
>   前から話は出ていたと思います。精神薄弱は差別用語だという意識はかなりあったのです。じゃあ、変えるとしたら何とするかという議論がずっとありまして、そのときに、発達障害という言葉が出てきたのです。当時は、知的障害（＝精神薄弱）は当然発達障害のなかに含むという考えでした。基本的にそうでした。
>   アメリカでもケネディ大統領が発達障害（Developmental Disabilities）といったときは、発達障害の研究のなかでも知的障害が一番のメインテーマだったのですね。従来の方法ではなくて、もっと科学的な研究にならないかと。そういうことでケネディ大統領がアメリカ中に『ケネディセンター』という研究所を10箇所くらいつくったわけです［西谷1967, pp.43-59──引用者、以下同じ］。
>   それから、自閉症という用語もぽつぽつ出だしてきたときでもありました。自閉症も厄介な問題だという意識をもっていました。当然知的障害は含むけれども、その他にも自閉症を含んだ、そういうグループにすべしという興味深い論文もありました。あるいは、知的障害に似たような、困っている人たちが増えてきているから、そういう人たちも含む名称のほうがいいだろうと、そういう考えは私たちにもあったと思いますね。
>   国際的には、Mental Deficiency［日本語訳「精神薄弱」］を何と変えるかの議論は10年間、国際の会議のたびに聞いていました。IASSMD（International Association for the Scientific Study for Mental Deficiency）［日本語訳「国際精神薄弱研究協会」］に私が理事会に出るようになったのが、研究協会［日本精神薄弱研究協会］の推薦でIASSMD［「国際精神薄弱研究協会」］の役職についてからですが、その頃から理事会でMental Deficiency［「精神薄弱」］を何としようか、という議論が2年ごとの会議で何回も繰り返していました。
>   結局、最終的に1992年にブリスベンであった世界会議［第9回。1992年オーストラリア・ゴールドコーストで開催。メインテーマ：将来への共通展望］で

IASSMD〔『国際精神薄弱研究協会』〕をIASSID〔International Association for the Scientific Study for Intellectual Disabilities 日本語訳「国際知的障害研究協会」〕に変えるという決定がなされたのです。IDつまりIntellectual Disabilities〔日本語訳「知的障害」〕です。Mental Deficiency〔『精神薄弱』〕は絶対に止めろという議論はですね、要するに、まだアメリカはMental Retardation（MR）〔日本語訳「精神遅滞」〕という言い方でよい、ヨーロッパ、特にイギリス系の英語圏ではMR〔『精神遅滞』〕は差別用語だと、そういうことで、ID〔『知的障害』〕でいいじゃないか、という話になって、結局アメリカが折れたのです。

　その前にアイルランドの会議〔第8回。1988年アイルランド・ダブリンで開催。メインテーマ：精神遅滞研究における重要な問題〕があって、その時に変えるということはもう決定されていました。ID〔『知的障害』〕でというのが理事会の報告でした。本当に変えたのはブリスベンの会議で、主催者が自分のときの会議だから総会にかけます。理事会が何にもいってこないなら、われわれの権限でもやると強硬でした。　　　　　　　　　　　〔有馬・原・池田 2010、pp.475-476〕

　上の有馬の発言の中の「ケネディ」という名前を聴いて奇異に感じる方もいるだろうが、この点について清水貞夫氏は次のように述べている。

　　1960年代は、ケネディ〔John F. Kennedy、1917-1963――引用者、以下同じ〕大統領〔第35代アメリカ合衆国大統領・在位1961-1963〕の就任とベトナム戦争への参入で幕が開いた。ケネディは、身内に「精神薄弱」〔Mental Deficiency〕児を抱えていたこともあって、「精神薄弱」者問題を連邦政府の施策に位置づける。1961年に"精神遅滞〔Mental Retardation〕に関する大統領パネル〔関係者委員団〕"が設置され、パネルは、1962年に『精神遅滞に挑戦する国家計画』を発表する。そこでは、「精神遅滞」の主要な原因が、劣悪な社会的・経済的・文化的要因であることが強く示唆されたのである。そして、「精神遅滞」問題は、社会の経済・文化の問題と考えられて施策が展開する。〔清水 1988、p.80〕

　上の文中には「知的ハンディキャップのある人たち」＝「この子ら」「この人ら」（伊藤隆二）の問題は「社会の経済・文化の問題である」とある。1950年代まではアメリカ合衆国においても、家庭・学校・近隣社会といった「環境」（environment）に当て嵌まれない「この子ら」は「適応」（adaptation）

できていない「不適応児」と当然のように呼ばれていた。しかし1960年代以降、ケネディ大統領の登場以来、徐々に、「環境」側も「この子ら」に歩み寄り、「この子ら」も「環境」側に歩み寄るといった、個人（個体）と環境の相互作用を強調する、「適応」（adjustment）の考え方が強く打ち出されるようになり現在に至っている。それに呼応して、かつては知能偏差値の多寡で支援の内容が大雑把に決定されていたのが、徐々にではあるが、要支援度を基礎に置き、個々の「この子ら」「この人ら」のニーズに応じた個々の「この子ら」「この人ら」へのサポートという考え方にかわっていった。我が国においても現在では常識的な考えも歴史を顧みれば一人の合衆国大統領の英断によって始まったことがわかる。ケネディの「負の遺産」がヴェトナム戦争であるならば、その対極にある「正の遺産」の一つとして、このことが挙げられても強ち的外れとも言えないだろう。

### （3）「障害」という言葉は残った ── 四団体の名称変更 ──

大熊（1992）を検討すると、「障害児（障害者）を廃し、啓発児（啓発者）と呼ぼう」という伊藤の提案（伊藤1990a）の影響は「精神薄弱ご四家」と呼ばれる4つの団体に顕著に表れているという。その4つの団体の連合体が1974年10月に結成された「日本精神薄弱福祉連盟」であり、その後1998年7月に「日本知的障害福祉連盟」と改称、更に2006年に「**公益社団法人日本発達障害福祉連盟**」に再改称されたものである。以下、4つの団体に注目して伊藤論文（1990a）の影響をまとめたいと思う。なお、波線は伊藤論文の影響が直接あるいは間接にあったものを指す。また現在の名称は「ゴシック太字」で強調している。

1) 「研究者の集まり」
機関名の変更：
1966年7月設立「日本精神薄弱研究協会」→ 1992年改称「**日本発達障害学会**」
機関誌名の変更：
1967年発刊『日本精神薄弱研究協会会誌』→ 1979年改称『**発達障害研究**』

1992 年の「精神薄弱」用語問題の議論：
『発達障害研究』1992 年第 14 巻第 1 号特集「精神薄弱」用語問題を考える

2）「施設関係者の集まり」
機関名の変更：
1934 年設立「日本精神薄弱者愛護協会」→ 1999 年改称「日本知的障害者福祉協会」
機関誌名の変更：
1954 年発刊『愛護』→ 1992 年 4 月改称『AIGO』→ 2002 年 4 月改称『さぽーと』
1992 年の「精神薄弱」用語問題の議論：
『AIGO』1992 年第 39 巻第 5 号〔5 月の特集〕再考"精神薄弱"の呼称と人権 Ⅰ ― 国内の動向 ―
『AIGO』1992 年第 39 巻第 6 号〔6 月の特集〕再考"精神薄弱"の呼称と人権 Ⅱ ― 海外の動向 ―
『AIGO』1992 年第 39 巻第 7 号〔7 月の特集〕再考"精神薄弱"の呼称と人権 Ⅲ ― それぞれの施設で ―

3）「教育関係者の集まり」
機関名の変更：
1949 年設立「特殊教育研究連盟」→ 1953 年改称「全日本特殊教育研究連盟」→ 2006 年改称「全日本特別支援教育研究連盟」
機関誌名の変更：
1950 年発刊『児童心理と精神衛生』→ 1956 年改称『精神薄弱児研究』→ 1985 年改称『発達の遅れと教育』→ 2006 年改称『特別支援教育研究』
1992 年の「精神薄弱」用語問題の議論：
『発達の遅れと教育』1992 年第 415 号特集 ― 人権と用語問題

4)「親たちの会」
機関名の変更：
1952年設立「精神薄弱児育成会」（別名：「手をつなぐ親の会」）→ 1955年改称「全国精神薄弱者育成会」→ 1959年改称「全日本精神薄弱者育成会」→ 1995年改称「全日本手をつなぐ育成会」
機関誌名の変更：
1956年発刊『手をつなぐ親たち』→ 1993年4月改称『手をつなぐ』
1992年の「精神薄弱」用語問題の議論：
『手をつなぐ親たち』1992年7月号「用語」改称の呼びかけ

　なお、言うまでもなく「精神薄弱」という用語は無くなったが、伊藤教授の努力の甲斐もなく「障害」という言葉は現在も使われている。そのことを更に次節で検討する。

## 4.　伊藤隆二の見解再考 ― 議論の起点の再確認 ―

　本節では筆者の師である伊藤隆二教授の見解を再検討するために、まず松友了氏による「1990年の伊藤隆二氏の発言は議論の起爆剤であった」とする見解を紹介し、更に伊藤隆二教授の「この子らは世の光なり」＝「この子らは啓発児なり」という思想を紹介し議論の起点を再確認する。

### （1）「1990年の伊藤隆二の発言は議論の起爆剤であった」― 松友了氏 ―

　　　功績は、「誕生日ありがとう運動」の伊藤隆二氏［伊藤1990a ── 引用者、以下同じ］の「啓知」［「精神薄弱」に替わる言葉として伊藤教授が提案］という難解な用語の提案です。この業界［知的障害児者に関わる人あるいは団体］は、批判はしても提案することは珍しく、氏の提案は画期的なことでした。これが、業界の［「精神薄弱」］用語［問題の］〈マグマ〉を一気に吹き上げさせ、決着へと走らせる露払いをしたのです。しかし、氏はその時も今も、「障害」を評価されていません［それどころか「障害児」（障害者）は廃止して「啓発児」（啓発者）

と呼ぼうと伊藤教授は一貫して主張されている]。念のために。

〔松友2006、pp.54-55〕

　松友了氏の伊藤隆二教授への論調は「皮肉」「辛辣」「嘲弄」「揶揄」などの印象を一見受けるが、それは、あまりにも表層的な見方である。松友氏の長男は生後4ヵ月で「てんかん」を発症し、誤診・誤療も加わって知的発達障害の重複という重荷を負った人である。松友氏は、その長男のために長年「てんかん運動」にうちこんできた（松友1996）。松友氏の発言は、その哀しみの深淵から木魂してくる「遠吠え」である。それが分かると、もしかすると伊藤教授の最も近しい「理解者」は松友氏と言えるかもしれない。次項では、その伊藤教授の「この子らは世の光なり」＝「この子らは啓発児なり」の思想を再確認する。

## （2）「この子らは世の光なり」＝「この子らは啓発児なり」という教育思想
### ― 伊藤隆二教授 ―

　「この子らは世の光なり」とは何のことだろう。それは一言で言えば「この子ら」「この人ら」が「世の光」として灰色の雲に蔽われた「この世」を照らし、我々の曇った眼を開かせ、「真理の道」を指し示すことであろう。静（1993）は光の働きを「照らす、暖める、燃やす、浄める」（静1993、p.22）にまとめている。この考え方を敷衍して「この子ら」「この人ら」が、この世に存在する特別な目的」を考察すれば次のようになる。

　「照らす」には人々の見える高いところに置かれる必要がある。「この子ら」「この人ら」を社会の片隅に置くのではなく、中央の高いところに置くのである。それによって、この世界の闇を明るく照らし、この世で生きる人、「この子ら」「この人ら」の光によって曇った眼が開かれた人の苦悩をやさしく包み込む。「暖める」とは何を暖めるのか。曇った眼が開かれた人の冷たくなった心を温め、消えそうであった希望を暖める。この世の冷め切った愛をもう一度暖める。「燃やす」とは何を燃やすのか。この世は妬みや怒りや憎しみの火で燃えている。その火で傷つき立ち上がれない人が無数にいる。その人たち

を無限大の愛の火、つまりは神の愛＝アガペ（Agape）＝無償の愛＝献身の愛の炎の中に包み込み、すべてを「この子ら」「この人ら」の生き方に倣うことである。「浄める」とは何を浄めるのか。アガペの火はすべての悪と罪、過誤を燃やし尽くし、この世を浄める。それは同時に我々の心の中も浄化する。悪と罪に塗れた古い自分は死に新しい自分として生まれ変わるのである。

このように考えてくると「この子らは世の光である」ことは明白になり、その「特別な目的」とは我々への「啓発」と言えないだろうか。このことに関して伊藤隆二は次のように述べている。

> この子ら［この人ら――引用者、以下同じ］は、戦争を始めることも、それに参加することもしない。それどころか、自分の利得のために他者と競うこともしない。他者を騙し、ずるく振る舞うことをしない。自然を破壊し、環境を汚染することもしない。純粋で、真心いっぱいに生きている。どこまでも実直である。そして清らかである。この子ら［この人ら］は、（たとえ、言葉が話せないほど、知力に重いハンディキャップを負っていても）その飾らない生き方のままで、すべての人に、「どう生きるのが正しいか」を教えている。

> この子ら［この人ら］に教えられ、導かれ、この子ら［この人ら］に赦され、癒され、浄められる人は、現代の社会では多いのだ。争いのない、誰もが扶け合い、補い合い、誰もが楽しく、それぞれ生きがいをもって、生き生きと生きていける世の中は、この子ら［この人ら］が光であるから実現するのである。この世に光を送り、何もかも明るく照らし、安らぎとぬくもりと夢と希望を与えてくれるのはこの子らである。

> 英語で「啓発」を「エンライトンメント（enlightenment）」というが、これは「光を灯して教え導くこと」を意味する。その役割を担っているのがこの子ら［この人ら］であることははっきりしている。それゆえにこの子ら［この人ら］は「啓発児」「啓発者」と呼ばれるのが相応しい。　　〔伊藤 1995、pp.180-181〕

伊藤隆二によれば、知的ハンディキャップのある「この子ら」「この人ら」は「障害児」「障害者」ではなく「啓発児」「啓発者」であることは明らかだ、という。「弱い者」である「この子ら」「この人ら」が啓発する人々は一般の人々

よりも強い人々である。特に自分の家柄や地位や財産や名誉を誇る「強い者」である。このような「強い者」は眼が曇っていて正しくものが見られない。しかし「強い者」の内、目覚めた人たちは、「弱い者」である「この子ら」「この人ら」の放つ「光」によって曇った眼が晴れ渡る。その「光」は視点を低きに転換する力があり、そのことにより、地上にいるすべての人が互いに理解し、扶け合い、補い合う社会の実現可能性が開けてくる。正に「この子らは世の光なり」(伊藤隆二)なのである。したがって「障害児」「障害者」という言葉は存在する意味を失い、「この子ら」「この人ら」を呼ぶとすれば、普段は各々の名前で呼ぶことは当然として、「この子ら」「この人ら」を敢えてまとめて表現しなければならない時は「啓発児」「啓発者」と呼ぶのが相応しい。以上は、伊藤隆二が発表された論文(伊藤1983・1985・1990a・1991・1992・1994a・1994b)・著書(伊藤1988・1990b・1995)・直接にお話を伺ったこと(大学院修士課程から現在まで)を検討した結果、明らかになった事柄である。

## おわりに ― まとめに代えて ―

　本章では、1992年の「精神薄弱」用語問題のその後の動向を考察するために、二つの法律に注目し検討を加えた。その二つの法律とは「精神薄弱の用語の整理のための関係法律の一部を改正する法律」(1998年)と「発達障害者支援法」(2004年)である。
　前者の法律は「精神薄弱」という用語を廃し、法律用語では、すべて「知的障害」とするものであった。但し、例外的に医学界で使われていた「精神遅滞」も用語として残った。
　また後者の法律は「発達障害」という研究者には普通に使われていた言葉であったが、「法令用語」としては馴染の薄い言葉であった「発達障害」が、この法律で正式に「法令用語」となり、その定義を明確に絞り込まなければならなくなった。
　しかし本来、絞り込まなければならなかった「発達障害の定義」は逆に「法律の定義」+「政令の定義」+「厚生労働省令の定義」と、その指し示す範囲

が広がっていった。その結果、少なからずの混乱が生じ、特に「知的障害を伴う自閉症」の扱いに難が生じ、この概念の法制上の使用に関して矛盾に満ちたものとなった。つまり「知的障害」を伴う「自閉症」は法制上「知的障害」関連の法令を適用するのか、「発達障害」関連の法令を適用するかの「混乱」を招いている。

　この議論に一つの答えを出したのが1966年7月設立の「日本精神薄弱研究協会」の改称問題であった。機関誌の方は既に1979年に『発達障害研究』と改称されていたが、機関の名称は1992年に「日本発達障害学会」に改称されている。1992年の改称に当たって、どのような議論があり、どのような経過で「改称」が進んだのかを考察した。その結果、法制上は「発達障害」に「知的障害」は含まないのだが、「日本発達障害学会」の「発達障害」概念には、その「発達障害」という用語の中に「知的障害」を含めていることが分かった。その根拠としては、この学会の考えでは「知的障害」は元々「知的発達障害」と呼ばれていたことが挙げられていた。これは筆者にも腑に落ちた説明であった。

　最後に再び伊藤隆二教授の「この子らは世の光なり」の思想を検討した。その結果、知的ハンディキャップのある「この子ら」「この人ら」は「障害児」「障害者」ではなく「啓発児」「啓発者」であることが明らかになった。「弱い者」である「この子ら」「この人ら」が特に啓発する人々は一般の人々よりも強い人々である。自分の家柄や地位や財産や名誉を誇る「強い者」である。このような「強い者」は眼が曇っていて正しくものが見られない。しかし「強い者」の内、目覚めた人たちは、「弱い者」である「この子ら」「この人ら」の放つ「光」によって曇った眼が晴れ渡る。その「光」は視点を低きに転換する力があり、そのことにより、地上にいるすべての人が互いに理解し、扶け合い、補い合う社会の実現可能性が開けてくる。正に「この子らは世の光なり」（伊藤隆二）なのである。したがって「障害児」「障害者」という言葉は存在する意味を失い、「この子ら」「この人ら」を呼ぶとすれば、普段は各々の名前で呼ぶことは当然として、「この子ら」「この人ら」を敢えてまとめて表現しなければならない時は「啓発児」「啓発者」と呼ぶのが相応しいことがわかった。

## 引用文献

有馬正高［話し手］・原仁［聴き手］・池田由紀江［聴き手］(2010)「日本発達障害学会設立50周年記念プログラム『名誉会員に聴く』鼎談有馬正高氏に聴く」『発達障害研究』(日本発達障害学会) 32 (5)、pp.471-485。

花村春樹 (1998)『「ノーマリゼーションの父」N・E・バンク - ミケルセン ― その生涯と思想 ―』【増補改訂版】ミネルヴァ書房。

伊藤隆二 (1983)「発達障害とは何か ― 新しい意味と解釈 ― 」『教育と医学』(教育と医学の会・慶應通信) 31 (10)、pp.4-11。

伊藤隆二 (1985)「発達の遅れている子どもたち ― 能力主義から『人間主義』への転換を ― 」『発達の遅れと教育』(全日本特殊教育研究連盟) 323、pp.12-19。

伊藤隆二 (1988)『この子らは世の光なり ― 親と子と教師のための生きることを考える本 ― 』樹心社。

伊藤隆二 (1990a)「『障害児』から『啓発児』へ ― 今まさに転回のとき ― 」『誕生日ありがとう運動のしおり』増刊101号、pp.1-5 [http://www.maroon.dti.ne.jp/okuguchi/yougo.htm に転載のものから引用］。

伊藤隆二 (1990b)「なぜ「この子らは世の光なり」か ― 真実の人生を生きるために ― 」樹心社。

伊藤隆二 (1991)「『精神薄弱』『障害』という用語を改正するために」『地域福祉における「用語」および社会的背景に関する研究 ― 初年度研究報告書 ― 』厚生省、pp.7-11。

伊藤隆二 (1992)「『精神薄弱』用語問題の現状と展望」『発達障害研究』(日本精神薄弱研究協会) 14 (1)、pp.1-7。

伊藤隆二 (1994a)「偏見・差別」石部元雄・伊藤隆二・中野善達・水野悌一 (編)『ハンディキャップ教育・福祉事典Ⅱ自立と生活・福祉・文化』福村出版、pp.878-888。

伊藤隆二 (1994b)「宗教」石部元雄・伊藤隆二・中野善達・水野悌一 (編)『ハンディキャップ教育・福祉事典Ⅱ自立と生活・福祉・文化』福村出版、pp.929-938。

伊藤隆二 (1995)『この子らに詫びる ― 「障害児」と呼ぶのはやめよう ― 』樹心社。

岩井美奈 (1999)「精神薄弱の用語の整理のための関係法律の一部を改正する法律」『法令解説資料総覧』211、pp.61-65。

菅野敦・原仁・石塚謙二・佐藤進・松為信雄 (2009)「発達障害・知的障害をめぐる用語や概念に関する公開シンポジウム」『発達障害研究』(日本発達障害学会) 31 (1)、pp.1-12。

加戸陽子・眞田敏・齋藤公輔 (2013)「ハンス・アスペルガーの1938年講演論文とウィーン大学の治療教育」『関西大学人権問題研究室紀要』66、pp.1-21。

小出進 (1995)「『精神薄弱』に替わる用語の問題」『ノーマライゼーション:障害者の福祉』(日本障害者リハビリテーション協会) 15 (12)、pp.34-37。

小出進 (1999)「用語改正を機に障害観・人間観の変革を」『発達の遅れと教育』(全日本特殊

教育研究連盟）500、pp.30-33。

松友了（1996）『父は吠える ― 知的障害の息子と共に ― 』ぶどう社。

松友了（2000）「知的障害における呼称変更の経緯とその意義」『精神神経学雑誌』（日本精神神経学会）102（10）、pp.983-986。

松友了（2006）「『精神薄弱』から『知的障害』へ」『ノーマライゼーション：障害者の福祉』（日本障害者リハビリテーション協会）26（5）、pp.54-55。

茂木俊彦（1994）『ノーマライゼーションと障害児教育』全障研出版部。

文部科学省初等中等教育局特別支援教育課（2007）「『発達障害』の用語の使用について」『特別支援教育』（東洋館出版社）24、pp.56-60。

日本発達障害福祉連盟（2010）「『発達障害白書2011年版』における『発達障害』の表記と定義の統一について」日本発達障害福祉連盟［編］（2010）『発達障害白書2011年版特集子ども・親・家族のメンタルヘルス ― いま、必要な心のケアは何か？ ― 』日本文化科学社、p.xi。

ニィリエ、B.［河東博・橋本由紀子・杉田穏子・和泉とみ代（編訳）］（2000）『ノーマライゼーションの原理 ― 普遍化と社会改革を求めて ― 』現代書館。

西谷三四郎（1967）「ケネディ児童研究センター（The Kennedy Child Study Center, 151 East 67th Street, New York 21, New York）」西谷三四郎（1967）『世界の精薄教育』日本文化科学社、pp.43-59。

大熊由紀子（1992）「心ない福祉用語の改革が始まった」『社会福祉研究』（鉄道弘済会社会福祉部）55、pp.105-107。

レイモン、S.（編）［中園康夫・小田兼三・清水隆則（訳）］（1995）『コミュニティケアを超えて ― ノーマリゼーションと統合の実践 ― 』雄山閣。

柴田洋弥・尾添和子（1999）『知的障害をもつ人の自己決定を支える ― スウェーデン・ノーマリゼーションのあゆみ ― 』大揚社。

清水貞夫（1988）「『精神薄弱』概念の歴史的変遷と今日の理解（1） ― 『白痴』からヘバー定義へ」『愛護 ― 精神薄弱者福祉研究 ― 』（日本精神薄弱者愛護協会）35（1）、pp.74-80。

静 一志（1993）『地の塩と世の光 ― イエス様のたとえ話 ― 』聖母の騎士社。

山口薫（1995）「用語問題を考える ― 精神薄弱・特殊教育を中心に ― 」『心理学紀要』（明治学院大学心理学会）5、pp.1-4。

山屋祐輝（2016）「発達障害者の支援の一層の充実 ― 発達障害者支援法の一部を改正する法律 ― 」『時の法令』（国立印刷局）2010、pp.40-50。

山屋祐輝（2017）「発達障害者支援法の一部を改正する法律」『法令解説資料総覧』（第一法規）421、pp.28-32。

吉村芳策（2005）「発達障害者支援法」『法令解説資料総覧』（第一法規）280、pp.54-60。

■ 著者紹介

鶴田　一郎　（つるた　いちろう）
　　　名古屋大学大学院　教育発達科学研究科　心理発達科学専攻　博士後期課程　修了、博士（心理学）
　　　現在　広島国際大学　教職教室　教員、臨床心理士

　　主な著書
　　共著：『失敗から学ぶ心理臨床』（星和書店）
　　　　　『心理臨床を終えるとき』（北大路書房）
　　　　　『カウンセリング心理学辞典』（誠信書房）　＊分担執筆
　　単著：『間主観カウンセリング』（西日本法規出版）
　　　　　『生きがいカウンセリング』（駿河台出版社）
　　　　　『人間性心理学研究序説』（大学教育出版）

## 1992年の「精神薄弱」用語問題
― 伊藤隆二教授の教育思想をめぐって ―

2018年9月20日　初版第1刷発行

■ 著　者────鶴田一郎
■ 発　行　者────佐藤　守
■ 発　行　所────株式会社　大学教育出版
　　　　　　　　〒700-0953　岡山市南区西市 855-4
　　　　　　　　電話（086）244-1268　FAX（086）246-0294
■ 印刷製本────モリモト印刷㈱

©Tsuruta Ichiro 2018, Printed in Japan
検印省略　　落丁・乱丁本はお取り替えいたします。
本書のコピー・スキャン・デジタル化等の無断複製は著作権法上での例外を除き禁じられています。本書を代行業者等の第三者に依頼してスキャンやデジタル化することは、たとえ個人や家庭内での利用でも著作権法違反です。
ISBN978-4-86429-533-8